Rudolf von Jhering

Die Jurisprudenz des täglichen Lebens

Rudolf von Jhering

Die Jurisprudenz des täglichen Lebens

ISBN/EAN: 9783743615977

Hergestellt in Europa, USA, Kanada, Australien, Japan

Cover: Foto ©ninafisch / pixelio.de

Rudolf von Jhering

Die Jurisprudenz des täglichen Lebens

Die
Jurisprudenz des täglichen Lebens.

Eine Sammlung
an Vorfälle des gewöhnlichen Lebens anknüpfender Rechtsfragen.

Zum akademischen Gebrauch

bearbeitet und herausgegeben

von

Dr. Rudolf von Jhering,
Geh. Justizrath und Professor der Rechte zu Göttingen.

Siebente, wesentlich vermehrte Auflage.

Jena,
Verlag von Gustav Fischer.
1889.

Vorwort.

Im täglichen Leben kommen viele Rechtsverhältnisse und Rechtsgeschäfte vor, die wegen der Geringfügigkeit des Gegenstandes kaum je zu einem Prozeß führen, die sich aber gleichwohl für den juristischen Unterricht mit hohem Nutzen verwenden lassen, weil sie dem Anfänger Anleitung geben, auch die Vorfälle des gewöhnlichen Lebens mit juristischem Auge zu betrachten. Ich habe eine Menge derartiger Vorgänge gesammelt und unter verschiedenen Gesichtspunkten zusammengestellt. Die Sammlung erschien zuerst als Anhang zu der im Jahre 1870 veröffentlichten zweiten Auflage meiner „Civilrechtsfälle ohne Entscheidungen", dann selbständig, und ihr didaktischer Werth hat sich durch die inzwischen erschienenen neuen Auflagen und durch mehrere Uebersetzungen (eine italienische von Vito Perugio, eine ungarische von Professor Biermann, eine griechische von Dr. Demaras, ein Auszug in portugiesischer Sprache in de Menezes, questões vigentes de philosophia e de direito, Pernambuco, S. 161 fl.) bewährt. Möge die kleine Schrift auch fernerhin ihre Brauchbarkeit für den juristischen Unterricht behaupten. Die gegenwärtige siebente Auflage ist gegen die vorhergehende erheblich vermehrt worden, die neu hinzugekommenen Fragen tragen die mit einem Buchstaben versehene vorhergehende Zahl.

Göttingen, den 14. October 1888.

Der Verfasser.

Inhaltsverzeichniß.

		Seite
I.	Nach und auf der Eisenbahn	1
II.	Im Gasthof	13
III.	In der Miethswohnung	24
IV.	Aus dem häuslichen Leben	34
V.	Beim Schneider	46
VI.	Beim Buchhändler	48
VII.	Auf der Bücherauction	54
VIII.	Rechtsverhältnisse bei Zeitungen	56
IX.	Ein Hausbau	60
X.	Im nachbarlichen Verhältniß	65
XI.	Auf der Straße	69
XII.	In der Noth	74
XIII.	Aus dem geselligen Leben	80
XIV.	Im Theater	89
XV.	Unter den Musikern	94
XVI.	In der Bahnhofsrestauration	99
XVII.	Oeffentliche Plakate	103
XVIII.	Eine Seefahrt	105
XIX.	Rechtsverhältnisse mit der Post	108
XX.	In der Fremde	114
XXI.	Allerlei	115

I. Nach und auf der Eisenbahn.

1. Um nach der Eisenbahn zu fahren, rufen wir den an unserer Wohnung vorbeifahrenden Omnibus an und steigen ein, ohne ein Wort zu verlieren. Hat dies Einsteigen eine juristische Bedeutung und welche? Welches Rechtsgeschäft wird dadurch abgeschlossen? 2. Hat auch das Einsteigen in den Wagen eines Freundes, der uns zu einer Spazierfahrt abholt, eine juristische Bedeutung? Worin liegt der Unterschied beider Fälle? 3. Welche rechtliche Stellung nimmt im obigen Fall der Conducteur des Wagens ein? Haftet die Omnibusunternehmung bloß aus dem von uns mit ihm abgeschlossenen Contract oder auch aus dessen Delikten, z. B. wenn derselbe eine von uns vergessene Reisetasche unterschlagen oder uns wissentlich zu wenig Geld herausgegeben hat? 4. Auch, wenn letzteres unwissentlich geschehen ist? 5. Hat der Kutscher dieselbe rechtliche Stellung wie der Conducteur? Wie, wenn ihm kein Conducteur beigegeben ist? 6. Findet eine Haftung für die Effekten statt, welche der Fahrgast aufgegeben, d. h. dem Conducteur (Kutscher) überliefert, und welche dieser oben auf den Omnibus gepackt hat? 7. Auch für diejenigen, welche der Fahrgast selber bei sich führt, wenn ihm dieselben im Wagen gestohlen werden?

8. In der Meinung, den Wagen getroffen zu haben, der nach der Südbahn fährt, sind wir in den nach der Westbahn gestiegen; ist der hier obwaltende Irrthum ein wesentlicher, der

Contract also nichtig? Müssen wir das Fahrgeld bezahlen, wenn wir den Irrthum sofort entdecken und aussteigen? Müssen wir es entrichten, wenn wir bis zu Ende mitgefahren sind?

9. Wie, wenn der Conducteur auf unsere Frage, ob der Wagen nach der Südbahn fahre, bejahend geantwortet hat? Haben wir auch dann nöthig den Preis zu zahlen, oder können wir unsererseits nicht umgekehrt Ersatz von ihm oder dem Unternehmer verlangen und mit welcher Klage? 10. Die Zeit reicht noch aus, um mittelst eines Fiakers vor Abgang des Zuges die Westbahn zu erreichen, vorausgesetzt, daß der Kutscher sehr rasch fährt, und wir versprechen ihm, wenn er zur rechten Zeit eintrifft, doppelte Taxe; muß der Eigenthümer des Omnibus uns den letzteren Betrag vergüten, oder kann er dies auf den Grund hin ablehnen, daß Niemand verpflichtet sei, doppelte Taxe zu zahlen? 11. Kann der Kutscher diesen Ueberschuß für sich behalten, oder muß er ihn dem Fuhrherrn ausliefern? Steht derselbe auf einer Linie mit dem ihm ohne eine derartige Aufforderung und Verabredung gewährten Trinkgeld? 12. Wie würde es sich verhalten, wenn der Kutscher uns das Versprechen eines höheren Fahrgeldes durch die Weigerung, uns für die einfache Taxe zu fahren, abgenöthigt hätte? Würde hier die act. quod metus causa am Platz sein? Die actio de dolo? 13. Ist eine solche Zahlung über die Taxe zu Recht bestehend, oder kann sie mit irgend einer Klage angefochten werden? Wenn wir in dem obigen Fall den Zug nicht mehr erreichen und genöthigt sind, uns einen Tag länger am Ort aufzuhalten, können wir auch diesen Schaden von der Omnibusunternehmung ersetzt verlangen? 14. Wenn der Conducteur im obigen Fall die Absicht hatte, sich mit uns einen Scherz zu erlauben, findet dann gegen ihn außer der Contractsklage vielleicht noch eine andere Klage statt? Ziehen Scherze Klagen nach sich? Läßt sich die Frage ohne Unterschied

I. Nach und auf der Eisenbahn.

des persönlichen Verhältnisses beantworten, steht der Scherz des Fremden mit dem des Bekannten auf einer Linie? 15. Muß der Conducteur, dem wir das Fahrgeld zahlen wollen, uns, da wir kein kleines Geld haben, auf einen Hundertmarkschein herausgeben? Was geschieht, wenn er es nicht kann oder will, dürfen wir uns entfernen, ohne gezahlt zu haben? Genügt die Zusicherung, daß wir zurückkommen werden, wenn wir gewechselt haben? Läßt sich hier von der l. 10 § 16 quae i. fr. (42. 8) Gebrauch machen? 16. Braucht auch der Bankier, dem wir eine Zahlung zu machen haben, uns nicht herauszugeben? Würde sich an die verweigerte Annahme derselben eine Folge für ihn knüpfen?

17. Wir verfügen uns zu Fuß zur Eisenbahn, und ungewiß, ob der Zug bereits abgefahren sei, erkundigen wir uns bei einem Vorübergehenden, der es bejaht, worauf wir umkehren. Angenommen, der Zug wäre noch nicht abgefahren und von uns noch zeitig zu erreichen gewesen, können wir den etwaigen Schaden (z. B. Verlust des vorher von dem mit unseren Sachen vorausgeschickten Dienstmann gelösten Billets) von dem Urheber desselben ersetzt verlangen? Wie, wenn er ohne alle Schuld war — wenn er in der Zerstreutheit Ja statt Nein sagte — wenn er wissentlich die Unwahrheit sagte?

18. Auf der Eisenbahn angekommen, erfahren wir, daß der Zug ausgesetzt sei. Ist es von Einfluß, ob wir das Billet bereits gelöst hatten, z. B. ein Rundreisebillet, das wir für diese Fahrt benutzen wollten, oder ob wir es jetzt erst lösen wollen? Ist unser rechtliches Verhältniß zur Eisenbahnunternehmung in beiden Fällen dasselbe? 19. Würde es im ersten Fall von Einfluß sein, ob der Zug aus zwingenden Gründen, z. B. wegen starken Schneefalles, Ueberschwemmung oder aus einem Grunde, der der Verwaltung zur Last fällt, z. B. Schadhaftigkeit der Lokomotive ausgesetzt worden ist? Welcher Gesichtspunkt würde

im ersten Fall Platz greifen? 20. Würde in diesem Fall unser Rundreisebillet, dessen Gültigkeit mit diesem Zuge abgelaufen war, seine Gültigkeit behalten? 20 a. Würde die Befugniß der Eisenbahngesellschaft, einmal angesetzte Züge wegen zu geringer Betheiligung ausfallen zu lassen, mit dem öffentlichen Verkehrszweck der Eisenbahn stimmen? Ergibt sich aus der Verneinung dieser Frage ein privatrechtlicher Anspruch der interessirten Personen? Was ist der richtige Weg, um dieser Gefahr einer Störung des öffentlichen Verkehrs zu begegnen? Würde dasselbe Mittel auch bei einem Privatfuhrwerk, das regelmäßig von einem Ort zum andern fährt, zur Anwendung gelangen können? Würde die öffentliche Ankündigung des Unternehmens in dieser Beziehung einen Unterschied begründen?

21. Welches Rechtsgeschäft enthält die Lösung der Fahrkarte? Ist es ein Kaufcontract? Bei allen sonstigen Kaufcontracten hat der Verkäufer mit der Tradition seine Verbindlichkeit erfüllt; auch hier? Was ergibt sich daraus für die Verbindlichkeit der Eisenbahngesellschaft? Worauf geht sie, unter welchen Vertragsbegriff ist sie juristisch zu bringen, und welche Bedeutung hat dafür die Lösung des Billets? 22. Können wir das Fahrbillet einem Andern überlassen, und wie ist dieser Akt rechtlich aufzufassen? Enthält er eine Cession oder eine Eigenthumsübertragung oder beides zusammen? Wenn in der entgeltlichen Ueberlassung desselben ein Kauf zu erblicken ist, würde man daraus folgern dürfen, daß auch die Lösung desselben einen Kauf enthalten müsse? 23. Verträgt es sich mit dem Sinne der Einrichtung der Eisenbahnbillets, wenn die Eisenbahnverwaltung die Veräußerung von Rundreise- oder Retourbillets an Andere untersagt? Braucht Jemand, der ein solches von einem Andern erhalten hat, Rede und Antwort darüber zu stehen, wie er es erworben hat? Wohin würde es führen, wenn er die Lösung der Billets in eige-

I. Nach und auf der Eisenbahn.

ner Person nachweisen sollte? Angenommen, er versäumte darüber den Zug, würde ihm eine Interessenforderung zustehen? 23 a. Gilt von den combinirten Rundreisebillets, welche auf Namen ausgestellt werden, dasselbe? Wie würde der Verkauf derselben nach römischem Recht zu beurtheilen sein? Würde sich der Käufer nach römischem Recht eines Delicts gegen die Eisenbahngesellschaft schuldig machen? Auch der Verkäufer? Uebernimmt er die Verpflichtung, sein Billet nicht auf andere Personen zu übertragen, und begründet die Uebertretung derselben einen contractlichen oder einen delictsartigen Anspruch? Was gilt in dieser Beziehung von demjenigen, der eine von ihm verkaufte oder verpfändete, aber in seinem Besitz zurückgebliebene Sache anderweitig tradirt? 24. Muß die Eisenbahn uns befördern, wenn wir nachweisen können, daß wir ein Billet gelöst, es aber verloren haben, oder daß es uns gestohlen ist? Oder daß es beim Coupiren durch Schuld des Schaffners aus dem Fenster geflogen ist?

25. Wir übergeben dem Portier unsere Effekten, damit er sie uns in das Coupé trage; ist das ein depositum, ein mandatum, eine locatio conductio? Ist die Vergütung, die wir ihm zahlen, Schenkung? 26. Auf manchen Bahnhöfen bestehen besondere Einrichtungen zum Zwecke der vorübergehenden Aufbewahrung der Reiseeffekten der Passagiere; haftet die Eisenbahnverwaltung, weil sie bestimmten Personen besondere Lokale zu dem Zwecke zur Verfügung gestellt hat? 26 a. Haftet der Portier oder die Eisenbahnverwaltung, wenn derselbe es versäumt hat, in den Wartesälen „abzurufen", was ihm instructionsmäßig obliegt? Das Betriebsreglement enthält darüber nichts, dasselbe sagt nur in § 85: „Das Zeichen zum Einsteigen in die Wagen wird durch 2 verschiedene Schläge auf die Stationsglocke gegeben", aber eine Pflichtverletzung liegt hier zweifellos vor; reicht dieselbe aus, um einen privatrechtlichen Anspruch des Fahrgastes

zu begründen? 26b. Auch die Ungenauigkeit eines Coursbuches kann dieselbe Versäumniß eines Zuges durch den Fahrgast zur Folge haben. Haftet die Verlagshandlung oder die Sortiments= handlung, bei der man es erstanden hat? Wenn sie die Haftung von sich ablehnen können, würden sie es auch dann, wenn erstere die noch vorräthigen Exemplare des vorjährigen Coursbuches mit neuem, auf das gegenwärtige Jahr lautendem Titel erscheinen ließe? Worin liegt der Unterschied dieses von dem vorher= gehenden Fall?

27. Wir steigen in ein Coupé und belegen einen Platz, steigen sodann wieder aus, um noch etwas zu besorgen; ist unsere Absicht, uns diesen Platz anzueignen, dadurch deutlich genug an den Tag gelegt? 28. Inzwischen hat ein Anderer unsern Platz eingenommen; können wir denselben als den unsrigen in An= spruch nehmen? Ist unser Anspruch nach Grundsätzen der Besitzeslehre zu beurtheilen? Wenn das Institut des Besitzes den Zweck hat, die Persönlichkeit (Puchta) oder den Willen der Person (Bruns) zu schützen, würde hier nicht Besitz an= zunehmen sein? Liegt nicht in dem Wegwerfen unserer Sachen eine Mißachtung unseres durch das Belegen des Platzes docu= mentirten Willens und damit unserer Persönlichkeit? 29. Wenn ein solcher Anspruch überhaupt begründet werden soll, welchen Weg muß man dabei einschlagen? Hat die Eisenbahngesellschaft uns einen bestimmten Platz zugesichert oder, wenn nicht, nicht wenigstens denjenigen, den der Schaffner uns angewiesen hat, oder den wir mit stillschweigender Zustimmung desselben in Besitz genommen haben? 30. Dürfen wir den Fahrgast, der unsern Platz eingenommen hat, gewaltsam von demselben ver= drängen? Braucht die Furcht vor den römischen Strafen der Selbsthülfe uns davon abzuhalten? Oder die vor den Bestim= mungen unseres Strafgesetzbuches über Beleidigung? Zu ver=

I. Nach und auf der Eisenbahn.

gleichen ist § 199 desselben. 31. Ist der Grundsatz des römischen Rechts, daß man Gewalt mit Gewalt vertreiben könne, auf den juristischen Besitz beschränkt? Liegt das Erforderniß der L 3 § 9 und l. 17 de vi (43. 16) confestim, non ex intervallo — in ipso congressu in unserem Falle vor?
32. Bei Ueberfüllung der Coupés zweiter Klasse wird uns eins erster Klasse angewiesen; sind wir nach allgemeinen Rechtsgrundsätzen verpflichtet, dasselbe auf der folgenden Station wieder zu verlassen? 33. Entspricht es dem Sinn des mit der Eisenbahnverwaltung abgeschlossenen Vertrages, wenn sie Personen, die mit äußeren, für die Mitreisenden unerträglichen Uebeln oder ansteckenden Krankheiten behaftet sind, oder Wahnsinnige, vorausgesetzt, daß sie um diese Eigenschaften weiß, zu andern Passagieren in's Coupé setzt? 34. Können diese Personen verlangen, daß ihnen ein besonderes Coupé eingeräumt werde? 35. Hat die Uebertretung des Verbots, in einem bestimmten Coupé zu rauchen, rechtliche Folgen? Dürfen die Mitreisenden das Rauchen untersagen, oder müssen sie sich dieserhalb an den Schaffner wenden? Kann der Rauchende sich ihnen gegenüber damit ausreden, daß es sich hierbei lediglich um Uebertretung einer Bestimmung des Eisenbahnreglements handle, die sie nicht in Anzug zu nehmen berechtigt seien? In wessen Interesse ist diese Bestimmung erlassen? Wenn im Interesse der Passagiere, erhalten sie daraus einen Anspruch? Gegen wen richtet sich derselbe? 36. Ein Betrunkener, der ein Billet von der Station a nach b gelöst hat, kann, als der Zug dort ankommt, nicht aus dem Schlaf geweckt werden und fährt bis c; muß er den Fahrpreis bis c bezahlen? er behauptet, im Zustande des Schlafes und der Trunkenheit habe er nicht contrahiren können, folglich sei er nicht schuldig, und die Eisenbahnverwaltung habe die Verpflichtung gehabt, ihn in b durch den Schaffner aus dem Wagen entfernen

zu lassen; er glaubt aus diesem Grunde sogar freie Rückfahrt nach b beanspruchen zu können.

37. Wir geben dem Schaffner Geld, damit er zu uns und unserer Gesellschaft keine andere Person in's Coupé setze; ist dies ein turpiter datum und acceptum im Sinne des römischen Civilrechts, vorausgesetzt, daß dem Schaffner nicht in seiner Instruction die Annahme von Trinkgeldern schlechthin untersagt ist? 37 a Verträgt es sich mit dem Interesse der Eisenbahnverwaltung, diese Annahme zu dulden? Würde die Uebertretung eines darauf gerichteten Verbots von Seiten eines Schaffners einer Privateisenbahn unter die Bestimmung des St.G.B. § 331 fallen: „ein Beamter, welcher für eine in sein Amt einschlagende, an sich nicht pflichtwidrige Handlung Geschenke oder andere Vortheile annimmt .. wird .. bestraft"? Zu vergleichen § 359. 38. Wenn er dennoch Jemanden zu uns in's Coupé setzt, ist er verpflichtet, uns das Gegebene zurückzuerstatten? An welche Klage des römischen Rechts läßt sich hier denken? 39. Wie wenn er genöthigt war, es zu thun, weil bereits alle anderen Coupés vollständig besetzt waren? Befreit ihn hier nicht die Unmöglichkeit der Leistung von der Verpflichtung zur Zurückgabe? 39 a Ergibt sich daraus, daß Jemand für die Nichterfüllung einer übernommenen Verbindlichkeit nicht haftet, daß er das ihm dafür gegebene Aequivalent behalten darf? 40. Wenn Jemand für sich und seine aus 3 Personen bestehende Familie ein ganzes Coupé von 8 Plätzen genommen hat, und ihm wegen Ueberfüllung der Waggons ein Passagier in sein Coupé gesetzt wird, welchen Anspruch hat er? Kann er wegen Nichterfüllung des Contracts den ganzen entrichteten Betrag zurückfordern oder die Hälfte, weil er selber effektiv nur 4 Plätze benutzt hat? oder bloß den Betrag für den einen Platz, den die Eisenbahnverwaltung doppelt verwerthet hat,

I. Nach und auf der Eisenbahn.

Von Seiten der Eisenbahnverwaltung wird seinem Anspruch der Einwand des mangelnden Interesses entgegengesetzt, das Recht schütze nur Geldinteressen, ea enim in obligatione consistere, quae pecunia lui praestarique possunt, l. 9 § 2 de statut. (40. 7), alle andern Interessen kämen nicht in Betracht, sie habe die ihr obliegende Prästation, ihn an den Ort der Bestimmung zu befördern, erfüllt, ob allein mit seiner Familie oder in Gemeinschaft Anderer, sei gleichgültig, den Nachtheil des dadurch gestörten Behagens könne der Richter nicht zu Geld anschlagen.

41. Wenn Jemand den Schaffner besticht, ihn ohne Fahrkarte mitfahren zu lassen, steht dies mit dem obigen Fall auf einer Linie? 42. Kann er, wenn der Betrug entdeckt wird, und wenn er den Fahrpreis nachzahlen muß, das dem Schaffner Gegebene zurückfordern? 43. Wie charakterisirt sich seine Handlungsweise nach römischem Recht der Eisenbahngesellschaft gegenüber? Als dolus? 44. Ist der obige Ausdruck: bestechen hier im criminalistischen Sinn zutreffend, macht es dafür nicht einen Unterschied, ob die Bahn Staatsbahn oder Privatbahn war? Zu vergleichen ist St.G.B. § 332. 45. Wie ist folgender Vorfall juristisch zu beurtheilen? Auf einer Station, wo der Zug des Abends hält, schlich sich ein junger Mensch in das Coupé und versteckte sich unter die Bank und fuhr unangefochten bis zur nächsten Station mit, wo er ausstieg, ohne daß ihn Jemand entdeckte. Läßt sich nach römischem Recht eine Verpflichtung desselben, die Fahrtaxe zu entrichten, deduciren? Etwa mittelst der act. de dolo? Unter welchen Gesichtspunkt fällt die unbefugte Benutzung fremder Sachen? 45a. Kinder unter vier Jahren können auf das Fahrbillet einer erwachsenen Person frei mitgenommen werden. Wie ist die Handlungsweise einer Mutter zu beurtheilen, welche ihr Kind für

1. Nach und auf der Eisenbahn.

jünger ausgiebt? Kann sie sich nicht auf l. 11 § 3 quod falso (27. 6) berufen, wo dem Vater eine unwahre Aussage in Bezug auf das Alter der Tochter verziehen wird: patri ignoscendum esse . . . affectu enim propensiore magis quam dolo id videri fecisse.

46. Läßt sich nach römischem Recht eine Haftung der Eisenbahnverwaltung für die in Folge von ihr zur Schuld anzurechnenden Unglücksfällen den Passagieren zugestoßenen Körperverletzungen begründen und in welchem Umfange? 47. Sind wir heutzutage noch genöthigt, auf die römischen Grundsätze zu recurriren? Die Frage beantwortet sich durch das deutsche Reichsgesetz vom 7. Juni 1871, betreffend die Verbindlichkeit für die bei dem Betriebe von Eisenbahnen, Bergwerken u. s. w. herbeigeführten Wirkungen und Körperverletzungen (R. Schröder, Corpus juris civilis für das Deutsche Reich und Oesterreich, Th. II S. 118 fl.). 48. Haftet die Eisenbahn nach römischem Recht auch für das Reisegepäck der Passagiere? Macht es einen Unterschied, ob dasselbe von ihnen aufgegeben worden ist, oder ob sie es bei sich führen? Zu vergleichen sind die Bestimmungen des H.G.B. Art. 423, 425. 49. Begründet das schuldvoll verspätete Eintreffen der Eisenbahnzüge einen Anspruch auf Schadensersatz? 50. Die verspätete Ablieferung des aufgegebenen Reisegepäcks? 51. Die Ablieferung desselben an denjenigen, der den von uns verlorenen Gepäckschein präsentirt hat? Ist ein solcher Schein juristisch als Papier auf den Inhaber zu charakterisiren?

52. Ist die Eisenbahnverwaltung, abgesehen von besonderen gesetzlichen Bestimmungen oder bei Ertheilung der Concession ihr gemachten Auflagen, verpflichtet, alle Passagiere, die sich melden, zu befördern, und wenn dieselben nicht sämmtlich mit einem Zuge befördert werden können, einen Extrazug zu stellen? Macht

es in der Beziehung einen Unterschied, ob die Passagiere die Billets bereits gelöst haben oder nicht? Ist das rechtliche Verhältniß der Eisenbahnverwaltung zu beiden Kategorieen von Passagieren dasselbe? (s. oben Nr. 18.) 53. Auf welche Thatsache würden die Passagiere der zweiten Kategorie die zu behauptende Verpflichtung derselben stützen müssen? Auf die stillschweigende Auferlegung derselben durch die Concession? Auf Natur und Zweck des Eisenbahnverkehrs? Gewohnheitsrecht? Veröffentlichung des Fahrplanes? Liegt in der letzteren Thatsache eine Auslobung? 54. Wegen Ueberfüllung der zweiten und dritten Klasse werden Passagiere der dritten Klasse von den Schaffnern in die erste verwiesen; müssen die Passagiere der letzteren sich dies gefallen lassen? War deren Absicht bloß darauf gerichtet, bequemere Sitzplätze zu erhalten, oder worauf sonst noch, und hat die Eisenbahnverwaltung ihnen bloß erstere zugesichert, im übrigen aber sich in Bezug auf die Verfügung über die Räume der ersten Klasse völlig freie Hand vorbehalten, so daß sie z. B. aus der dritten Klasse Individuen der untersten Volksschichten in die erste Klasse setzen dürfte. 55. Darf sie einem derartigen Individuum, das, aus welchem Grunde es immerhin sei, ein Billet erster Klasse begehrt, dasselbe verweigern?

56. Das Eisenbahnreglement bestimmt, daß Passagiere für Reinigung der von ihnen beschmutzten Plätze dem Schaffner eine Mark zu zahlen haben. A weigert sich, diesen Betrag zu entrichten, weil die von ihm zugegebene Beschmutzung des Coupés ohne seine Schuld geschehen sei, indem er durch das Fahren und die Hitze im Coupé unwohl geworden sei, was als sicher angenommen werden soll. Er behauptet: jene Bestimmung des Reglements setze eignes Verschulden des Passagiers voraus, dies ergebe sich, wenn es auch nicht ausdrücklich gesagt werde, aus allgemeinen Grundsätzen, jene Bestimmung müsse also restrictiv interpretirt werden.

I. Nach und auf der Eisenbahn.

57. Am Bestimmungsort angekommen, steigen wir in den Omnibus eines bestimmten Hotels, erfahren aber bei Ankunft in demselben, daß dasselbe besetzt sei; haben wir die Fahrtaxe zu zahlen? 58. Da kein Wagen an der Bahn ist, verfügen wir uns zu Fuß ins Hotel und nehmen zu dem Zweck einen Dienstmann an, der uns hinführt; würde die Vergütung, welche letzterer beanspruchen kann, auch einem Mitreisenden zu entrichten sein, der uns diesen Dienst erweist?

58. Das Reichsgericht hat kürzlich folgenden Fall in letzter Instanz zu entscheiden gehabt. Das fünfjährige Kind eines Arbeiters befand sich in Begleitung der dreizehnjährigen Schwester an dem Eisenbahn-Uebergang der Berlin-Potsdamer Eisenbahn an der nach Saarmund führenden Straße und lief, trotzdem daß die Barriere geschlossen war, und ein Zug herankam, unbemerkt unter der Barriere hindurch auf das Geleise, wo es von dem herankommenden Zug erfaßt und schwer verletzt ward. Der Vater klagte gegen die Eisenbahngesellschaft auf Schadensersatz (Heilungskosten, Unterhaltungsrente und Ausstattung). Die Beklagte schützt vor: erstens grobes Versehen des Kindes, dasselbe wäre trotz der warnenden Zurufe des Bahnwärters und des Publikums unter der vorschriftsmäßig geschlossenen Barriere hindurchgekrochen, zweitens grobes Versehen der Eltern, welche das Kind unter der ungenügenden Aufsicht einer dreizehnjährigen Schwester an einen so gefährlichen Ort, wie ein frequenter Bahnübergang es sei, geschickt hätten. Der Kläger wendet ein, daß die Absperrung der Bahn durch eine bloße Barriere ungenügend sei, an einem so frequenten Bahnübergang habe ein Gitterwerk angebracht werden müssen, was auch Seitens der Beklagten hinterher geschehen sei. Wie war zu entscheiden? 59. Haftet die Eisenbahngesellschaft für den durch Ausstreuen der Funken angestifteten Brand?

II. Im Gasthofe.

1. Ist der Gastwirth nach l. un. § 6 furti advers. (47. 5) verpflichtet, Passagiere aufzunehmen? 2. Wäre es wohlgethan, eine solche Verpflichtung gesetzlich auszusprechen? 3. Enthält es eine Beleidigung, wenn er grundlos einen anständigen Gast zurückweist? 3a. Der Gastwirth hat einem Einheimischen, der sich mehrfach im Wirthszimmer ungebührlich benommen hat, das Betreten desselben untersagt, derselbe läßt sich aber dadurch vom Wiedererscheinen nicht abhalten; kann der Gastwirth ihn durch seine Leute herauswerfen lassen? Er möchte lieber im Wege Rechtens gegen ihn vorgehen; der Advokat, an den er sich gewendet hat, glaubt das interd. uti possidetis anstellen zu können unter Bezugnahme auf Seuffert, Archiv für Entscheidungen u. s. w. 19, Nr. 232 und Bruns, Besitzklagen S. 77. Bedenken erregt ihm nur der Umstand, daß der Wirth den Gasthof bloß gepachtet hat, also nicht juristischer Besitzer desselben ist; würden die Römer hier das Interdict gegeben haben oder vielleicht eine andere Klage? Gewährt nicht unser heutiges Kriminalrecht eine Hülfe dagegen? 4. Hat der Gast die Zimmer, welche er vorher bestellt hat, schlechthin zu bezahlen? Gilt dies auch dann, wenn er durch Krankheit oder durch Unterbrechung der Eisenbahncommunication verhindert war einzutreffen? 5. Auch dann, wenn er die Zimmer rechtzeitig abtelegraphirt hat? 5a. Ist die telegraphische Bestellung eines Zimmers auch ohne Rückantwort verpflichtend? Wenn dies zu bejahen, wie verträgt es sich mit der Vertragstheorie? 6. Ist der Umstand von Einfluß, ob der Gastwirth die bestellten Zimmer nach dieser Abbestellung anderweitig vermiethet hat, oder ob sie ihm leer gestanden haben? 7. Hat er, um seinen Anspruch zu begründen, letzteres zu beweisen, oder muß der Gast, um dem

II. Im Gasthof.

Anspruch auszuweichen, ersteres beweisen? 8. Der A hat sich zu einer Festlichkeit, die voraussichtlichermaßen große Massen von Fremden nach X ziehen wird, bei Zeiten ein Zimmer für 10 Mark in einem dortigen Gasthof gesichert. Der Gastwirth hat später Gelegenheit, für das Zimmer 50 Mark zu erhalten, und als A in später Abendstunde in X ankommt, findet er den Gasthof vollständig besetzt und muß Stunden lang in der Nacht in der Stadt umherirren, um schließlich in einer Herberge für Handwerksburschen ein nothdürftiges Unterkommen zu finden. Ist dem A bei der bei uns herrschenden Theorie zu rathen, gegen den Gastwirth Klage zu erheben? In der Herberge hat er nur 4 Mark bezahlt, und der Gastwirth wendet ihm ein, er habe durch seine Abweisung nicht Schaden, sondern Vortheil gehabt. 9. A überläßt das ihm zugesicherte Zimmer einem Fremden, der ihm 50 Mark dafür bietet; der Gastwirth bestreitet ihm die Befugnis dazu. Oder A bringt noch einen Freund mit, der eine von ihnen schläft im Bett, der andere auf dem Sopha; muß der Gastwirth dies dulden? Er behauptet, daß ihm dadurch ein Gast entzogen wäre, der sonst ein eignes Zimmer gemiethet hätte. A erwiderte: so gut wie er einem Freunde von einer Flasche Wein oder von einem Gericht, das er sich bestellt habe, abgeben dürfe, dürfe er ihn auch an seinem Zimmer participiren lassen, sonst dürfe er ihn ohne Erlaubniß des Wirthes überhaupt nicht einmal auf demselben empfangen. 9 a. Der Gast ist durch den Kutscher, dem er den König von Preußen, einen Gasthof ersten Ranges, genannt hatte, in den Kronprinz von Preußen, einen Gasthof dritten Ranges, gebracht worden und hat sich hier ein Zimmer geben lassen; nachdem er seinen Irrthum entdeckt und bevor er das Zimmer benutzt hat, zieht er aus, indem er sich weigert, den Preis zu entrichten, und den Wirth mit seiner Forderung an den Kutscher verweist, der das Versehen begangen

II. Im Gasthof.

habe; würde es von Einfluß sein, wenn er die Nacht im Zimmer geschlafen hätte?

10. Wann ist das receptum im Gasthof zu Stande gekommen, und welche Folgen hat es? 10 a. Bei einem in der Nacht im Gasthof ausgebrochenen Feuer gehen die meisten Sachen der Fremden zu Grunde; haftet der Wirth? Er behauptet, daß darin eine vis major liege, für die er nicht zu haften habe und beruft sich auf l. 11 de perio. (18. 6), welche den Hauseigenthümer für den ohne seine eigene Schuld bewirkten Brand freispreche. 10 b. Mittelst desselben Gesichtspunkts glaubt er seine Haftung für die Beschädigungen abwehren zu können, die ein plötzlich wahnsinnig gewordener Kellner angerichtet hat. 11. Haftet der Gastwirth einem Gast, der den Schlüssel in seinem Zimmer hat stecken lassen, für die daraus entwandten Sachen? 12. Erstreckt sich die Haftung auch auf die Sachen, welche der Fremde, der sich in's Restaurationszimmer verfügt, dort abgelegt, oder welche der Kellner ihm abgenommen und an einen der dafür bestimmten Kleiderhalter aufgehängt hat? Würde letzterer nicht wenigstens zu haften haben? 13. Haben die Anschläge auf den Logirzimmern, wodurch der Gastwirth jede Haftung ex recepto ablehnt, rechtliche Wirkung? 14. Hat der Gast nöthig, die auf denselben befindliche Aufforderung, Werthsachen dem Wirth zur persönlichen Aufbewahrung zu übergeben, zu beachten? 15. Und wenn dies der Fall, kann der Wirth daraufhin einem Gast, dem in der Nacht seine Uhr und Börse vom Nachttisch gestohlen sind, den Ersatz derselben verweigern, weil er auch sie ihm hätte abliefern sollen? 16. War es culpa des Gastes, daß er die Thüre des Nachts nicht verschloß? oder 17. die Fenster (im Erdgeschoß, ersten, zweiten u. s. w. Stock) bei Tage oder bei Nacht offen stehen ließ? 18. Bei Abreise des Fremden bleibt aus Versehen eine ihm gehörige Sache liegen;

dauert die Verpflichtung aus dem receptum fort? 19. Ist sie auch dann anzunehmen, wenn der Fremde, nachdem er das Zimmer verlassen und die Rechnung berichtigt hat, den Wirth ersucht, ihm ein Packet aufzubewahren, das er bei seiner Rückkunft in Empfang nehmen oder durch einen Andern abholen lassen werde, oder das er ihn ersucht ihm durch die Post nachzusenden? Kann der Wirth an diesen Sachen ein Retentionsrecht wegen etwaiger vergessener Posten auf der Rechnung geltend machen? Kann er letztere überhaupt noch liquibiren, nachdem er einmal quittirt hat? 20. Ist das receptum auch für die vor Ankunft des Fremden eingetroffenen Briefe und Packete anzunehmen? 21. Trifft den Gastwirth eine Verantwortung, wenn er dieselben einem Andern abgeliefert hat, der ihm die Visitenkarte des Adressaten präsentirte?

22. Ist es ein einziges Rechtsgeschäft, welches der Gast contrahirt, der eine Nacht im Gasthof bleibt, des Abends soupirt und des Morgens frühstückt? Oder wenn nicht, wie ist zuerst das Logiren rechtlich aufzufassen? 23. Gilt dieselbe Entscheidung auch für das Verhältniß der Pension, wo für einen bestimmten Preis Kost und Logis gewährt wird? Wie ist dasselbe juristisch zu charakterisiren, als Combination von Kauf und Miethe? 23 a. Der A, welcher Pension für eine Woche genommen hat, sieht sich genöthigt, zwei Tage zu verreisen; kann er dieserhalb einen Abzug machen, oder, wenn nicht, kann er die Pension während der zwei Tage nicht auf einen Andern übertragen? Er meint, so gut wie er eine von ihm bestellte Flasche Wein oder ein Gericht auch einem Andern überlassen könne, ebensogut auch die Pension, es sei ein Verhältniß nach Art des ususfructus, dessen Ausübung man bekanntlich auch auf einen Andern übertragen dürfe, l. 12 § 2 de ususfr. (VI.): Sed et si alii precario concedat vel donet, puto eum uti, l. 67 ibid.: .. etiam invito

herede. 24. Ist es nach römischem Recht eine conductio des Zimmers, wenn der Preis nicht im voraus (durch Anschlag oder sonst) kundgegeben worden ist? 25. Muß der Gastwirth den Fremden, den er einmal aufgenommen hat, so lange wohnen lassen, als derselbe bleiben will? 26. Kann er einem Fremden, den er soeben aufgenommen hat, gleich hinterher das Zimmer wieder entziehen und ihn aus seinem Gasthof weisen? 27. Der Fremde hat sich vorher erkundigt, wie viel das Zimmer „per Tag" koste, und will, nachdem er es bezogen, nach 6 Stunden wieder ausziehen und dafür bloß $1/4$ Tag vergüten; muß der Gastwirth sich dies gefallen lassen, kann er sich auf den Satz berufen: dies coeptus pro completo habetur? 28. Wie ist der Tag im Gasthof zu berechnen? Gilt für ihn die naturalis oder civilis computatio? Kann z. B. ein Gast, der Nachts 3 Uhr gekommen ist, bis zur folgenden Nacht 3 Uhr bleiben, oder darf der Gastwirth ihm zwei Tage bez. Nächte anrechnen? 29. Darf der Gastwirth einem Fremden, der mit ihm „per Tag" contrahirt hat, die Nacht bez. das Bett noch besonders anrechnen? 30. Kann er für Reinigung des Zimmers eine Vergütung verlangen oder, wenn der Reisende sich weigert, sie zu zahlen, das Zimmer, die Betten u. s. w. ungereinigt und ungemacht liegen lassen m. a. W.: ist die Miethe des Zimmers als locatio rei oder locatio operis aufzufassen? 31. Darf er die Effekten des Reisenden, wenn derselbe ihm bei seiner Entfernung die Rechnung nicht bezahlen kann, retiniren? 32. Darf der Gast die Lichter, die ihm auf die Rechnung gestellt sind, mitnehmen? Würde es dafür einen Unterschied machen, ob es auf der Rechnung hieße: „für Beleuchtung" oder „zwei Bougis"? 33. Darf der Gast, der sich Obst oder Confect nach der Karte bestellt hat, dasselbe einstecken, statt es zu essen? Auch das Obst und Confect, das bei der Gasthofstafel servirt wird? 33a. Der Gast hat aus dem Lesezimmer des Hotels ein Buch entnommen, um es im Garten zu lesen und läßt es dort liegen. Hier wird es durch Regen beschädigt. Mit welcher Klage kann der Wirth Ersatz verlangen, mit der act. commodati oder der act. legis Aquiliae? Der letzteren scheint entgegenzustehen, daß man im außercontractlichen Verhältniß nicht für culpa in non faciendo (hier für das unterlassene Zurückbringen des Buchs ins Lesezimmer) haftet.

34. Der Gast bestellt beim Kellner nach der Weinkarte eine Flasche Wein. Ist dies ein Mandat oder welches sonstige Rechtsgeschäft? 35. Mit welchem Moment geht die Gefahr auf den Besteller über, mit dem Moment, wo der Kellner im Keller aus dem dort lagernden Vorrath die Flasche ausgeschieden, oder wo er sie dem Gast auf seinen Platz gesetzt hat? 39. Der Kellner bringt ihm aus Versehen eine bessere und theurere Sorte, die er, ohne das Versehen zu bemerken, austrinkt; muß er den Preis dafür zahlen? 37. Wie, wenn er das Versehen vorher bemerkt? Er verlangt die Flasche für den seiner Bestellung entsprechenden Preis zu behalten, weil der Kellner sie ihm einmal geliefert habe. Angenommen, daß er, wenn er sie austrinkt, ohne das Versehen zu rügen, den tarifmäßigen Preis zahlen muß, worauf ist seine Haftung für den Preis zu stützen: auf Consens, dolus, Bereicherung? 38. Hat er, wenn ihm aus Versehen statt der bestellten bessern eine schlechtere Sorte gebracht ist, den Preis der ersteren zu bezahlen? 38 a. Der Gast stößt durch Ungeschicklichkeit dem Kellner eine Flasche Wein aus der Hand, die er für einen andern Gast geholt hat; muß er für die zerbrochene Flasche Wein den auf der Weinkarte angesetzten Preis von 6 Mk. oder nur den wirklichen Werth des Weins zahlen, der bloß 3 Mk. beträgt?

39. Hat die Weinkarte die Bedeutung der dicta promissa?

II. Im Gasthof.

In einem großen Theil Deutschlands findet sich auf fast allen Weinkarten die sog. Liebfrauenmilch, und zwar zu einem Preise, der hinter dem, den dieser Wein an Ort und Stelle in Worms im Ankauf kostet, um ein Mehrfaches zurückbleibt; der Kenner weiß, daß dieser Wein überall nur ein Etikettenwein ist. Kann ein Gast, der eine Flasche dieses Weins bestellt und sie gekostet hat, sie daraufhin zurückweisen, daß die „dicta promissa" fehlen? Würde es für die Entscheidung von Einfluß sein, wenn der Gast vorher gefragt hätte, ob ächte Liebfrauenmilch zu haben sei? 40. Muß der Gast auch einen in Gährung übergegangenen oder gefälschten Wein behalten? 41. Der Gast läßt einen Wein, der ihm nicht schmeckt, stehen; fällt derselbe in's Eigenthum des Wirthes zurück, oder befand er sich noch bisher im Eigenthum desselben? Angenommen, er sei in das Eigenthum des Gastes übergegangen, liegt dann in der Aufgabe des Restes eine Schenkung an den Wirth? 42. Bei einer öffentlichen Festlichkeit schenkt Jemand sich aus der Flasche seines Nachbarn Champagner ein. Ist es von Einfluß, ob es in der Zerstreutheit oder wissentlich geschah, und ist der Vorgang in allen Fällen gleich zu beurtheilen, oder kommt es dabei auf das Verhältniß der Personen an, ob es ein guter Bekannter war, der es that, oder ein völlig Fremder? Ist es von Einfluß, ob das Einschenken hinter dem Rücken oder vor den Augen des Nachbarn geschah? Angenommen, der Besteller des Weines verlangte Ersatz, wie hätte er seinen Anspruch zu begründen? Wäre es nöthig, die l. 30 § 2 ad leg. Aquil. (9. 2) in Bezug zu nehmen, oder böte sich nicht ein anderer Klagegrund dar?

43. Mehrere Gäste verabreden sich zusammen, einen feineren Wein zu bestellen, und einer von ihnen ruft dem Kellner zu: Bringen Sie uns eine Flasche von dem und dem Wein und 4 Gläser; hat der Besteller allein den Wein zu zahlen,

oder haftet er wegen des „uns" nur auf Zahlung seines An=
theils? 44. Würde es in dieser Beziehung einen Unterschied
machen, wenn der Besteller hinzugefügt hätte: Der Wein soll
ausgewürfelt werden, bringen Sie uns den Würfelbecher?
45. Ist die Verabredung über das Auswürfeln des Weines
unter den Interessenten rechtlich bindend? Fällt dasselbe unter
das römische Verbot der Glücksspiele? Die l. 4 pr. de aleat.
(11. 5) verstattet: quod in convivio vescendi causa
ponitur, in eam rem familiam ludere; läßt sich das,
was hier vom Essen bestimmt wird, auch auf das Trinken
übertragen, und was von der familia, auf eine jede Tisch=
gesellschaft?

46. Berliner Blätter berichteten kürzlich folgenden seltsamen
Fall einer Weinbestellung. Zwei Fremde bestellen in einer
Gartenwirthschaft in Moabit eine Flasche Madeira; beim Kosten
zeigt es sich, daß es kein Madeira, sondern Nordhäuser Korn=
branntwein mit Ingwer vermischt ist, der nach Aussage des
Wirthes in Moabit und Umgegend allgemein unter dem Namen
Madeira bekannt und beliebt ist. Haben die Besteller ihre Nicht=
haftung zur Zahlung des Preises auf wesentlichen Irrthum oder
auf mangelnde dicta promissa zu stützen? Der Wirth be=
hauptet, daß dicta promissa im Sinne des dortigen Sprach=
gebrauchs vorlägen, und nach dem Satz: locus regit actum
und nach l. 34 de R. J. (50. 17): erit consequens, ut
id sequamur, quod in regione, in qua actum est, fre-
quentatur, sei letzterer zu Grunde zu legen. Würde anders
zu entscheiden sein, wenn die Bestellung von Stammgästen er=
folgt wäre? Dies vorausgesetzt, was ergibt sich daraus für
die Lehre von der Interpretation?

47. Der Gast hat eine Rechnung von 8 Mark zu zahlen
und gibt dem Kellner ein Zwanzigmarkstück, auf das letzterer

herausgeben soll. Wie ist dieser Akt der Hingabe juristisch aufzufassen? Geht das Eigenthum sofort auf den Kellner über oder erst dann, wenn er 12 Mark herausgegeben hat, ist es also eine unbedingte oder bedingte Zahlung? 48. Mit welcher Klage würde er auf Zahlung des Restes belangt werden können, etwa mit der condictio indebiti, weil 12 Mark zu viel gezahlt sind? 49. Oder wenn die Verpflichtung zur Zurückzahlung des Restes als ein der Zahlung hinzugefügter modus aufzufassen ist, mit welcher Klage kann der Gast die Erfüllung desselben erzwingen? 50. Wenn der Gast aus Versehen statt eines Zehnmarkstücks ein Zwanzigmarkstück gegeben hat, ist auch dann das Eigenthum übergegangen? 51. Gilt dasselbe auch von dem Fall, wenn der Gast sich über den Betrag der Rechnung geirrt und eine undeutliche 3 auf der Rechnung für 5 gelesen und daraufhin 5 statt 3 gegeben hat? 52. Wie ist die Handlungsweise des Kellners zu charakterisiren, der wissentlich diesen Betrag entgegennimmt? 53. Wird ein Wissen seinerseits anzunehmen sein, wenn der Gast, der eine Rechnung von 4 Mark 50 Pfg. zu zahlen hat und versehentlich einen Fünfzigmarkschein statt eines Fünfmarkscheines gibt, dem Kellner, der ihm herausgeben will, sagt: Lassen Sie es, den Rest können Sie für Sich behalten? 54. Haftet in jenen Fällen auch der Wirth? 55. Wie ist das Verhältniß des Kellners zum Wirth, so weit es für dritte Personen juristisch relevant wird, aufzufassen? 56. Kann der Wirth die Haftung für derartige Unredlichkeiten der Kellner damit ablehnen, daß er sie dazu nicht angestellt habe? 57. Hat er auch dafür einzustehen, wenn der Kellner den Gast bestiehlt oder injuriirt oder von ihm Geld oder ein Buch leiht?

58. Wie ist das Trinkgeld an das Dienstpersonal im Gasthof juristisch aufzufassen? Als Almosen, Schenkung, Erfüllung einer obligatio naturalis? 59. Ist der Wirth verpflichtet,

die Beträge, die er als Service auf die Rechnung gestellt hat, der Dienerschaft als für sie bestimmt und in Empfang genommen (negotiorum gestio) herauszugeben? 60. Ist der Vertrag zwischen ihm und der Dienerschaft gültig, daß sie ihm das erhaltene Trinkgeld abzuliefern habe? Erstreckt er sich auch auf dasjenige Trinkgeld, das unter der ausdrücklichen Bestimmung gegeben wird, der Empfänger solle es für sich behalten? 61. Wenn ein Gast in Unkenntniß des Umstandes, daß die Trinkgelder bereits auf der Rechnung mit aufgeführt sind, noch außerdem Trinkgelder entrichtet hat, kann er sie wegen dieses Irrthums zurückfordern? Ist es ein bloßer Irrthum im Motiv, und welchen Einfluß übt ein solcher Irrthum auf eine Schenkung aus? Oder ist es ein Irrthum über eine vorausgesetzte Schuld? 62. Wenn, wie es in manchen Gasthöfen üblich ist, die Trinkgelder in eine gemeinschaftliche Kasse abgeliefert und periodisch unter das Dienstpersonal vertheilt werden, wie ist dies Verhältniß unter den Participanten zu charakterisiren? 63. Unter welchem Gesichtspunkt fällt die Nichtablieferung desselben? 64. Ein Hausknecht hat mit einem Andern den Vertrag geschlossen, daß er ihm gegen 4000 Mark seine sämmtlichen Trinkgelder überlassen wolle: wie ist der Vertrag zu charakterisiren? Etwa als emtio spei? Wie würde, letzteres als richtig angenommen, die folgende Frage zu beantworten sein? 65. Wie, wenn der Hausknecht wegen Krankheit nach dem ersten Vierteljahre den Dienst aufgeben muß oder wegen Untreue entlassen wird? 66. Wie ist das Rechtsverhältniß zu bestimmen, wenn der Hausknecht dem Gastwirth ohne Lohn dient, lediglich in Aussicht auf die Trinkgelder, oder wenn er gar noch zuzahlt? 67. In den Gasthöfen pflegen die Reisenden des Abends ihre Stiefel vor die Thür zu setzen, ihre Kleider hinauszulegen, damit der Hausknecht sie reinige; hat dieser Akt eine juristische Bedeutung? 68. Haftet der Wirth, wenn dieselben

II. Im Gasthof.

gestohlen werden? 68a. Ein Reiter, der in einem Wirthshause auf dem Lande abgestiegen, um etwas zu genießen, hat sein Pferd dem Hausknecht übergeben, um es zu halten. Haftet der Wirth, wenn das Pferd durch Nachlässigkeit des Hausknechts beschädigt wird? Aus einem Mandat — Depositum — Miethscontract — receptum? Würde es in Bezug auf die Haftung des Wirthes einen Unterschied machen, wenn der Reisende ein Nachtquartier genommen hätte?

69. Darf ein Gastwirth dasselbe Gasthofsschild annehmen, wie ein Anderer? Er behauptet: Namen seien frei, Niemand habe ein ausschließliches Recht auf den schwarzen Bären, rothen Löwen u. s. w. 70. In einer schleswigschen Stadt hatte der Inhaber eines sehr frequenten und im ganzen Lande bekannten Gasthofs, dem die Ehre widerfahren war, daß der Gouverneur der Provinz, der Landgraf von Hessen, in demselben logirt hatte, bei demselben um die Erlaubniß nachgesucht, den bisherigen Namen des Gasthofs „zum grauen Esel" mit dem „zum Landgrafen von Hessen" vertauschen zu dürfen, und dieselbe erhalten. Ein Concurrent nahm den freigewordenen Namen an und erhielt in Folge davon außerordentlichen Zuspruch. Konnte der bisherige Inhaber es ihm verwehren? Konnten die Fremden, welche in Unkenntniß dieses Umstandes bei dem zweiten Wirth Zimmer bestellt hatten, die Bestellung rückgängig machen? In dem obigen Fall hatte der erste Wirth, nachdem er durch Schaden klug geworden war, um ferneren Irrungen vorzubeugen, zu der Bezeichnung: „zum Landgrafen von Hessen" den Zusatz hinzugefügt: „das ist der wahre graue Esel"; war dies unbedenklich?

70a. In einem Gasthof in Berlin ereignete sich neulich folgender Fall. Ein Gast hat einen mißlungenen Selbstmordsversuch gemacht, und der Wirth hat, ohne ihn, der bewußtlos dalag, zu fragen, einen Arzt holen lassen. Der Gast weigert sich später, dessen Honorarforderung zu berichtigen, da dessen Einschreiten ohne seinen Willen geschehen sei, er möge sich an den Wirth halten, der ihn habe rufen lassen. Letzterer weigert sich, weil er ihn eben bloß habe rufen lassen, d. h. lediglich Anzeige von dem Fall gemacht habe, was die Pflicht der Menschlichkeit mit sich gebracht habe. Angenommen, der Wirth würde zur Zahlung des Honorars verpflichtet, kann er gegen den Fremden seinen Regreß nehmen? Etwa mit der act. neg. gest.? Würde der Fremde nicht einwenden können, die negotiorum gestio sei gegen seinen Willen geschehen? Oder hat er sie vielleicht dadurch genehmigt, daß er sich die Behandlung des Arztes, nachdem er wieder zur Besinnung gekommen war, hat gefallen lassen?

III. In der Miethswohnung.

1. Ein Studierender, der erst am 25. Mai, 4 Wochen nach Beginn des Semesters, auf der Universität eintrifft, miethet eine Wohnung zu 60 Mark für das „Semester"; wie lange kann er in derselben bleiben? Noch die Herbstferien? Noch bis in die vierte Woche des neuen Semesters: bis zum 25. November? 2. Kann sein Vermiether, wenn nichts weiter ausgemacht ist, Vorausbezahlung des Miethzinses verlangen? 3. Welche Sicherheit hat derselbe, wenn keine Zahlung erfolgt? Erstreckt sich dieselbe auch auf die dem Miether zur Ansicht zugeschickten Bücher, das ihm geliehene Fortepiano? 4. Kann derselbe auch den Vater in Anspruch nehmen? 5. Kann der Miether, der während des Semesters abberufen wird, die Wohnung einem Andern in Aftermiethe überlassen? 6. Hat er die Befugniß dazu schlechthin ohne Ansehen der Person? Könnte er sie z. B. auch an einen Trompeter, der durch seine musikalischen Uebungen

das ganze Haus zur Verzweiflung bringt, oder an eine liederliche Dirne oder an eine Proletarierfamilie vermiethen? 7. Ist es ein Akt verbotener Selbsthülfe, wenn der Vermiether diese Personen nicht zuläßt oder die ohne sein Vorwissen auf das Zimmer geschafften Sachen derselben wieder vor die Thüre setzt?

8. Ein Studierender, der auf einer kleinen deutschen Universität für sein Zimmer 80 Mark per Semester bezahlt hatte und in Wien seine Studien fortsetzte, miethete dort ein Zimmer für 40 fl. österr. Währung (= 65 Mark). Nach Abschluß des Contrakts erfährt er, daß der Miethzins als monatlicher gemeint ist, während er geglaubt hatte, daß er sich auf das Semester beziehe; ist der Contract gültig? Kann der Vermiether der Berufung des Miethers auf den Irrthum nicht die Behauptung entgegenstellen, daß es sich hier um lokales Gewohnheitsrecht (monatliche Miethfrist) handle, ein Rechtsirrthum aber nicht verziehen werde?

9. Zwei Studierende miethen ein Zimmer gemeinschaftlich für monatlich 30 Mark; haftet jeder von ihnen für den Miethzins in solidum? 10. Angenommen, sie hätten sich ausdrücklich solidarisch verpflichtet, haftet jeder von ihnen nur für den ganzen Preis oder auch für die von dem Andern angestiftete Beschädigung? 11. Wenn ohne Verabredung der solidarischen Haftung beide dieselbe Schuld trifft, z. B. dadurch, daß sie beim Verlassen des Zimmers ein brennendes Licht zurückgelassen haben, durch welches Feuerschaden geschieht, kann der Wirth wählen, wen er in Anspruch nehmen will? Hat der Zahlende einen Regreßanspruch gegen den Andern? 12. Kann der Wirth, wenn er zuerst den Einen auf Zahlung des ganzen Betrages in Anspruch genommen, aber von ihm nur einen Theil erhalten hat, den Andern auf den Rest in Anspruch nehmen? 13. In dem obigen Fall ist in Bezug auf das Zimmer ein Irrthum vorge-

kommen*). Der eine von beiden Freunden, A, welcher die Wohnung zuerst besichtigt, entscheidet sich für das Zimmer a und bemerkt dem Vermiether, daß er dasselbe für sich und seinen Freund B zu miethen wünsche, daß letzterer aber dasselbe noch erst besehen solle, ob es ihm gefalle. Als letzterer kommt, ist der Vermiether nicht zu Hause, und dessen Frau zeigt ihm das Zimmer b in der Meinung, daß dieses das von A gewählte sei. Beide lassen später durch einen Dienstmann die Anzeige machen, daß sie „das Zimmer" nehmen wollten, und zugleich ihren Koffer bringen. Wie ist der Fall zu entscheiden? Der Wirth behauptet, das Zimmer a sei gemiethet, denn darauf sei die ursprüngliche Intention von beiden Seiten gerichtet gewesen, A. seinerseits ist damit einverstanden und verlangt dasselbe für seinen Antheil am gemeinschaftlichen Miethzins b. i. 15 Mark, B dagegen verlangt das Zimmer b, für das er sich entschieden, ebenfalls für 15 Mark, der Wirth seinerseits beansprucht für den Fall, daß er beide Zimmer gewähren müsse, von jedem 30 Mark.

13 a. Ein Miether, der eine ruhige Wohnung sucht, erkundigt sich beim Abschluß des Miethcontracts beim Vermiether, indem er ihn von diesem Wunsch in Kenntnis setzt, ob in dem Hause, oder in der Nachbarschaft keine lärmenden Geschäfte getrieben würden, und erhält darauf zusichernde Antwort. Später zeigt es sich, daß in den Hofräumen eine Handelsmenagerie existirt, in der die Thiere einen unerträglichen Lärm machen; kann er ausziehen? Der Wirth widersetzt sich, weil seine Zusicherung der Abwesenheit „lärmender Geschäfte" in der That auf Wahrheit beruhe. 13 b. Der Vermiether erkundigt sich bei der Dame, welche eine Etage von ihm zu miethen wünscht, ob sie

---

*) Ich entnehme diesen Fall der Schrift von Leonhardt, Der Irrthum bei nichtigen Verträgen, B. I S. 174.

III. In der Miethswohnung.

keine Kinder habe, was sie mit den Worten verneint: sie sei unverheirathet. Später erfährt er, daß die Dame eine Kinderschule hält, und er zeigt ihr darauf an, daß er sich an den Contract nicht gebunden halte, sie ihrerseits macht geltend, daß die von ihr ertheilte Zusicherung, daß sie unverheirathet sei, auf Wahrheit beruhe, und daß sie die Frage, ob sie keine Kinder habe, selbst direct hätte verneinen können.

13 c. Es hat Jemand eine Sommerwohnung gemiethet, kann der Contract aus dem Grunde aufgehoben werden, weil inzwischen in der Gegend die Blattern ausgebrochen sind?

14. Beim Räumen der Miethswohnung hat der bisherige Miether mit Erlaubniß des einziehenden leere Weinflaschen im Keller vorläufig zurückgelassen; ist dies ein Depositum? 14 a. Wie, wenn er es ohne Erlaubniß gethan hat? Darf der neue Miether die Flaschen auf den Hof werfen lassen? Wenn er sie an einer anderen disponiblen Stelle hat unterbringen lassen, darf er sich Lagermiethe und Arbeitslohn für das Wegbringen berechnen? Mit welcher Klage würde der frühere Miether die Herausgabe erzwingen können, etwa nur mit der rei vindicatio? 15. Der Miether, ein Kunstgärtner, hat im Garten Mistbeete angelegt; darf er die Mistbeeterde mitnehmen? Den Composthaufen, die gepflanzten Rosenstöcke, Obstbäume? 16. Der Miether hat sich bei Besichtigung der Wohnung nach dem Geschäft des Vermiethers erkundigt und von letzterem zur Antwort erhalten, daß er Kaufmann sei. Er erfährt hinterher, daß derselbe Seifensieder ist, und ficht aus diesem Grunde den Contract an, letzterer rechtfertigt sich damit, daß er im Sinne des Handelsgesetzbuchs in der That Kaufmann sei; ist der Miether an den Contract gebunden? 17. Es ist ausgemacht, daß der Miether keine Hunde halten, nicht musiciren dürfe; derselbe handelt der Vereinbarung entgegen und beruft sich darauf, daß solche Vereinbarungen recht-

lich unverbinblich seien, ba es sich bei ihnen nicht um ein Gelb=
interesse handle, welches allein den Schutz des Rechts in Anspruch
nehmen könne l. 33 pr. ad leg. Ag. (9. 2) non affectiones
aestimandas esse, l. 9 § 2 de statul. (40. 7) ea in obligatione consistere, quae pecunia lui praestarique possunt. Der Vermiether erhebt Klage und beantragt, bem Miether
bei Strafe die fernere Uebertretung der Vereinbarung zu unter=
sagen und ihm wegen der bisherigen Nichtachtung derselben die
Leistung einer Satisfactionssumme von 100 Mark aufzuerlegen.
18. Der Miether selber musicirt nicht, aber seine Tochter, er
hält nicht selber einen Hund, aber sein Sohn; er behauptet, baß
er hinsichtlich dieser Personen keine Verpflichtungen übernommen
habe. 19. Bei einer vom Miether veranstalteten Gesellschaft
wird durch einen der Gäste die Miethswohnung beschädigt; haftet
jener dafür? Anhaltspunkte aus den Quellen gewähren l. 11
pr. Loc. (19. 2) für die Miethe und l. 65 pr. de usufr.
(7. 1) für ben Ususfructus.

20. Kann der Umstand, daß der Vermiether mit Zahlung
des Miethzinses an den Hauseigenthümer in Rückstand bleibt,
für den Miether nachtheilige Folgen haben? 21. Darf der
Vermiether bem Miether wegen eines ihm gegebenen Darlehns
oder wegen für ihn gemachter Auslagen seine Invekten und
Illaten beim Auszuge vorenthalten? Findet die Bestimmung der
constitutio Gordiana in l. un. Cod. etiam ob chirogr.
(8. 26 bez. 27) auch auf dieses Verhältniß Anwendung? 22.
Welches Rechtsmittel steht dem Miether wegen grundloser Vorenthaltung seiner Invekten und Illaten zu? 23. Der Ver=
miether einer möblirten Wohnung verlangt den Ersatz eines während der Miethszeit zerbrochenen Spiegels, der Miether behauptet,
daß das Dienstmädchen des Vermiethers ihn zerbrochen habe;
hat ersterer, um seinen Anspruch zu begründen, zu beweisen,

III. In der Miethswohnung.

daß der Miether selber, oder letzterer, daß das Dienstmädchen es gethan habe? 24. Kann der Miether in Gegenrechnung bringen, daß ihm vom Dienstmädchen des Vermiethers, welches die Reinigung des Zimmers zu besorgen hat, Sachen gestohlen sind, oder 25. von einem Handwerker, den der Vermiether zum Zweck einer Reparatur ohne Aufsicht im Zimmer hat arbeiten lassen? 26. oder von den Kindern des Vermiethers? Kann der Vermiether seine Verantwortlichkeit damit ablehnen, daß die Noxalklagen in Anwendung auf die Hauskinder durch § 7 J. de nox. act. (4. 8) aufgehoben worden seien, oder daß die Kinder noch infantes oder infantiae proximi, folglich nicht zurechnungsfähig seien? 27. Ein angeblicher Freund des Miethers hat sich in dessen Abwesenheit das Zimmer aufschließen lassen, um Bücher zurückzuholen, die er letzterem geliehen haben will; haftet der Vermiether, wenn dies ein Gauner war? 28. Kann ihm ein Vorwurf gemacht werden, wenn es ein ihm bekannter Freund des Miethers war, der schon öfter in dessen Abwesenheit in seinem Zimmer auf ihn gewartet hat? 29. Ist es ein furtum, wenn der Freund von den Cigarren, die er dort findet, sich eine anzündet? Wenn er ein Dutzend davon in die Tasche steckt? 30. Steht der Stiefelputzer oder Handwerker, der dasselbe thut, dem Freunde gleich? 31. Wird das im letzteren Fall etwa anzunehmende furtum dadurch ausgeschlossen, daß der Stiefelputzer die Cigarren nicht selber behält, sondern sie einem Anderen schenkt, oder ihm erlaubt, sie zu nehmen, z. B. dem Schlossergesellen, den er hat rufen müssen, um durch ihn in seiner Gegenwart ein Schloß öffnen zu lassen? Der Stiefelputzer hat im letzteren Fall die Cigarren gar nicht angerührt; ist dies von Einfluß für das furtum? Kann man nicht sagen: es liege hier eine ebenso bedeutungslose Handlung vor, als wenn Jemand sonst etwas erlaubt, das zu erlauben er gar keine Befugniß hat? 32. Kann der Stiefelputzer in Anspruch genommen werden, wenn er das Nehmen der Cigarren zwar nicht ausdrücklich gestattet, aber es bemerkt und dazu geschwiegen hat? Würde dies für ihn ein furtum involviren? 33. Begeht der Schlossergeselle ein furtum? Er beruft sich auf die ihm vom Stellvertreter des Miethers ertheilte Erlaubniß.

34. Der Vermiether hat für den Miether ein Packet in Empfang genommen; kann letzterer mit der act. conducti auf Herausgabe klagen oder mit einer anderen Klage? 35. Kann jener wegen seiner Forderungen aus dem Miethverhältniß daran ein Retentionsrecht ausüben? 36. Oder wegen seiner baaren Auslagen an den Ueberbringer? 37. Muß der Miether letztere vergüten, wenn er das Packet selber nicht annehmen will? 37a. An mehreren Thüren in der Miethswohnung fehlen die Schlüssel, kann der Miether verlangen, daß der Vermiether sie machen lasse? Dieser behauptet, er brauche die Miethswohnung nur in dem Zustand abzuliefern, in dem sie sich bei Abschluß des Miethcontractes befand, damals aber hätten die Schlüssel gefehlt, was als feststehend angenommen werden soll. Der Miether macht geltend, daß der Vermiether das uti frui licere zu präftiren habe, letzterer setzt dem entgegen, daß es dazu der Schlüssel nicht bedürfe, die Thüren ständen offen. 37b. Dieselbe Frage erhebt sich auch für den Fall des Hausverkaufes. Es ist die Behauptung aufgestellt worden (Bechmann, Der Kauf nach gemeinem Recht II, S. 374), daß der Verkäufer, wenn nichts Besonderes ausgemacht sei, nur die vorhandenen Schlüssel abzuliefern brauche; wie verhält es sich damit? Muß beim Verkauf eines Koffers oder feuerfesten Geldschrankes die Lieferung der Schlüssel noch besonders ausgemacht werden, wird der Verkäufer dadurch frei, daß er den Nachweis erbringt, daß er die Schlüssel vor Abschluß des Kaufcontracts verloren habe?

III. In der Miethswohnung.

Bei einem feuerfesten Schrank verursacht die Anfertigung der Schlüssel außerordentlich hohe Kosten. Stehen beide Fälle: der Verkauf des Hauses und des Geldschrankes auf einer Linie? Der Verkäufer des Hauses bestreitet dies, weil man ein Haus auch ohne die Schlüssel benutzen könne, einen Geldschrank nicht. Ist dies wahr? Wie verhält es sich mit dem Schlüssel zur Hausthüre, zum Weinkeller, zur Bodenkammer oder in einem Gasthof zu den einzelnen Zimmern? Angenommen in einem Hotel von 100 Zimmern fehlen zu 50 die Schlüssel, soll der Käufer auf eigene Kosten sie sich machen lassen? 37o. Wenn der Umstand, daß bei Abschluß des Vertrages der Schlüssel gar nicht gedacht worden ist, den Verkäufer von der Verpflichtung befreit, die fehlenden anfertigen zu lassen, könnte er darauf hin sich nicht auch weigern, die vorhandenen zu tradiren?

38. Der Miether, der mit dem Vermiether und mehreren anderen Miethern auf einer durch einen Korridor abgeschlossenen Etage wohnt, hat den Schlüssel zum Korridor verloren, der Vermiether verlangt, daß das Schloß und sämmtliche Korridorschlüssel geändert werden, jener will bloß seinen Schlüssel neu machen lassen: wer ist im Recht? 39. Darf er bona fide den Verlust des Schlüssels verschweigen oder sich ohne Wissen des Vermiethers einen neuen anfertigen lassen? 40. Er selber oder ein Fremder, der ihn verließ, hat die Korridorthür offen stehen lassen, und diesen Moment hat ein Dieb benutzt, um dem Vermiether etwas zu stehlen; haftet der Miether oder der Fremde? 41. Ein Freund, der den Miether auf dessen Zimmer erwartete und sich vor dessen Zurückkunft entfernte, hat die Fensterflügel geöffnet, ohne sie zu befestigen, ein Windstoß zertrümmert sie, haftet er? Er lehnt seine Haftung damit ab, daß man im außercontractlichen Verhältniß nicht für culpa in non faciendo einstehe. 41a. Eine Hausschneiderin erscheint bei der Herrschaft,

bei der sie arbeitet, mit dem Mantel und gedenkt ihn im Zimmer abzulegen. Sie wird von derselben angewiesen, ihn auf dem Vorplatz abzulegen, und auf ihr Bedenken, ob er dort auch nicht gestohlen werde, erhält sie zur Antwort: Legen Sie ihn dort nur ab. Der Mantel ist gestohlen, haftet die Herrschaft?
42. Der Miether hat dadurch einen Brand veranlaßt, daß er sich in der Nähe der Gardine eine Cigarre angezündet hat, und daß von dem Zündhölzchen, dessen er sich zum Anzünden bediente, die Patrone absprang und die Gardine in Brand versetzte; er lehnt jede Haftung ab, weil die schlechte Beschaffenheit des Zündhölzchens, welche als feststehend angenommen werden soll, den Brand veranlaßt habe.

43. Der Vermiether verbietet einem Freund des Miethers, der gegen ihn grob geworden ist, das Betreten seiner Wohnung; hat der Miether sich das gefallen zu lassen? 44. Oder er verleugnet den Miether, wenn der Freund kommt; gibt es eine Rechtshülfe dagegen? 45. Ist es in dieser Beziehung von Einfluß, wie die Person des Dritten ist? Man denke z. B., daß es liederliche Dirnen sind. 46. Der Vermiether, der dem Miether den Hausthürschlüssel eingeräumt hat, ist ungehalten darüber, daß derselbe des Nachts so spät nach Hause kommt und ihn im Schlafe stört; um ihn zum früheren Nachhausekommen zu zwingen, verriegelt er die Hausthüre, anstatt sie zuzuschließen. Hat der Miether ein contractliches Recht darauf, daß die Hausthüre zugeschlossen werde? Der Vermiether stützt sich darauf, daß er ihm contractlich in dieser Beziehung nichts zugesichert habe. Steht dem Miether die Contractsklage zu und nur diese? Ihm ist mehrmals die Thüre gar nicht geöffnet worden, und er hat in dem Gasthof übernachten müssen; kann er Ersatz verlangen? 47. Der Vermiether hat dem Miether den Hausthürschlüssel vom Zimmer weggenommen, um ihn zu

III. In der Miethswohnung.

nöthigen, bei Zeiten nach Hause zu kommen; liegt darin ein furtum? Der Vermiether macht geltend, daß er Eigenthümer des Schlüssels sei; ist dieser Grund der richtige? Entspringt aus dieser Thatsache für den Miether lediglich eine Contracts=klage?

48. Der in dem oberen Stock wohnende Miether bedient sich des dem Miether im unteren Stock gehörigen Fußreinigers oder der dort liegenden Matte zum Reinigen seiner Füße. Welches Rechtsmittel hat ersterer dagegen? Die act. legis Aquiliae? Die act. negatoria? 49. Die für den einen Miether bestimmten Zeitungen werden vom Postboten in dessen Abwesenheit auf einen auf dem Vorplatz befindlichen Tisch nieder=gelegt, der andere liest sie. Wenn jener es ihm verbietet, und dieser das Verbot nicht respectirt, welche Klage hat er dagegen? 50. Der Epheu auf dem Balkon des oberen Miethers treibt seine Zweige nach unten und verdeckt dadurch das Schild des in der unteren Etage wohnenden Kaufmanns. Braucht letzterer sich dies gefallen zu lassen? Kann er wegen Besitzesstörung klagen, oder welchen Weg hat er einzuschlagen? 50a. Darf der Miether (Handwerker — Kaufmann — Photograph) an der Außen=wand der von ihm bewohnten (ersten, zweiten, dritten) Etage ein Schild oder einen Ausstellungskasten für Photographien an=bringen lassen?

51. Der Vermiether hat auf der Kellertreppe eine Vor=richtung anbringen lassen, welche den Miether hindert, ein für ihn eingetroffenes größeres Faß Wein in den Keller zu schaffen, letzterer ersucht den Vermiether, die Vorrichtung zu entfernen, und da dieser sich dessen weigert, läßt er es durch die Leute, welche das Faß in den Keller zu bringen haben, besorgen. Welche Klage kann ersterer anstellen, bloß die Contractsklage? das Uti possidetis? eine andere Klage? Stehen dem Miether

Einreden zu? auch die, daß der Vermiether sich an die Thäter halten möge? Haften letztere?

51a. Gibt es für den Miether, der in der Benutzung der ihm contractlich zustehenden zum gemeinsamen Gebrauch bestimmten Räume (Boden, Keller, Treppe, Waschküche) durch eine andere Miethspartei gehindert wird, ein direktes Klagrecht gegen letztere? 51b. In welcher Weise kann er sich gegen den Unfug, den eine andere Miethspartei in i h r e r e i g e n e n Etage anstiftet, und unter dem er zu leiden hat (Erschütterung des Fußbodens, nächtlicher Lärm, Durchsickern von Flüssigkeiten u. s. w.) sichern? Die Miethspartei behauptet: jeder Miether könne in seiner Etage thun und lassen, was er Lust habe. 51c. In die von dem Miether mehrere Jahre lang bewohnten Wohnung war der Schwamm gekommen, ohne daß er den Vermiether davon in Kenntniß gesetzt hatte, letzterer erfährt es erst nach seinem Auszuge; kann er den Miether für unterlassene diligentia in Anspruch nehmen? Ein deutsches Gerichts hat ihn verurtheilt, ist die Entscheidung zu billigen?

IV. Aus dem häuslichen Leben.

1. Ist das Taschengeld, welches der Vater dem Sohn gibt, ein peculium profectitium? 2. Sind es die Kleider, Bücher? 3. Sind sie als Geschenk des Vaters aufzufassen? 4. Wird der Sohn Eigenthümer derselben? 5. Darf er ohne Erlaubniß des Vaters die durch seine Versetzung in eine höhere Klasse des Gymnasiums überflüssig gewordenen Schulbücher verkaufen? 6. Ist der Antiquar, der sie von ihm kauft, ohne sich vorher der Zustimmung des Vaters zu versichern, in bona fide? Auch der, welcher von ihm ein corpus juris, die Gesetzsammlung, Goethes Werke kauft? 7. Wird der Sohn Eigenthümer von

Sachen, die ihm von Dritten geschenkt werden? Darf er sie ohne Erlaubniß des Vaters veräußern? Bedarf es der Zustimmung des Vaters zur Annahme der Schenkung? Muß der Sohn mündig sein, um die Schenkung zu acceptiren? oder pubertati proximus?

8. Hat der Vater nöthig, die Schulden des Sohnes zu bezahlen? 9. Hat er, um diese Verpflichtung abzuwehren, eine Erklärung in öffentlichen Blättern zu erlassen? 10. Wenn der Vater aus freiem Antriebe die Schulden seines in der Gewalt befindlichen Sohnes bezahlt, ist dies als Schenkung an die Gläubiger oder als Erfüllung einer obligatio naturalis des Sohnes oder der eigenen aufzufassen? 11. Welchen rechtlichen Charakter trägt diese Handlung dem Sohn gegenüber an sich, den einer negotiorum gestio oder einer Schenkung? Kann der Vater dabei bestimmen, daß der Betrag vom Sohn conferirt oder in den Pflichttheil eingerechnet werden solle, oder sich darüber einen Schuldschein mit rechtlicher Kraft ausstellen lassen? Kann er dasselbe auch in Bezug auf die Studienkosten bestimmen? 13. Ein Haussohn hat sich in einem Lande, in dem die Ableistung der militärischen Dienstpflicht durch Stellvertreter möglich ist, mit Einwilligung des Vaters als militärischer Stellvertreter vermiethet; wem gebühren die Einstandsgelder, die er dafür erhält, ihm oder dem Vater? Ist ersterer nach Grundsätzen des heutigen Rechts durch den Militärdienst von der patria potestas frei geworden?

14. Ein Volljähriger, der sich fälschlich für einen Minderjährigen hielt, hat eine Veräußerung vorgenommen, die unter Voraussetzung der letzteren Eigenschaft ungültig gewesen wäre; ist sie gültig? Er bestreitet dies, weil ihm der Wille, sie mit rechtsverbindlicher Wirkung vorzunehmen, gefehlt habe. 15. Würde der entgegengesetzte Irrthum von Einfluß sein? 16. Eine Minder-

jährige, welche von dem Vormunde in eine Erziehungsanstalt gegeben ist, und der er eine bestimmte Summe zur Bestreitung ihrer Toilette verabfolgt, nimmt in einem Putzladen Sachen auf Kredit; muß er die Rechnung bezahlen? Er behauptet, sie könne schlechthin keine Schulden machen. 17. Diesen Einwand setzt er auch der Forderung des Arztes und Apothekers entgegen; ist derselbe begründet? 18. Kann die Institutsvorsteherin, welche für sie den Arzt hat rufen und die Recepte in die Apotheke hat befördern lassen, in Anspruch genommen werden? 18a. Das Dienstmädchen erhält von der Tochter Sachen der Eltern geschenkt, die sie als solche kennt; befindet sie sich in bona fide, kann sie usucapiren?

19. Die Mutter schickt ihr sechsjähriges Kind zum Metzger, um $1/4$ Pfd. Wurst zu holen, das Kind fordert statt $1/4$ Pfd. 4 Pfd., die ihm auf dem Heimwege ein großer Hund entreißt; die Mutter weigert sich zu zahlen, erstens weil sie durch ein Kind nicht verpflichtet werden könne, zweitens weil ihr Auftrag nur auf $1/4$ Pfd. gerichtet gewesen sei, drittens weil die Wurst gar nicht in ihre Hände gelangt sei; kann der Eigenthümer des Hundes belangt werden?

20. Ist es ein Mandat, wenn der Mann seiner Frau Geld zur Bestreitung der Kosten des Haushaltes einhändigt? 21. Gehört der Ueberschuß der Frau, oder nach welchen rechtlichen Grundsätzen bestimmt sich der Anspruch des Mannes auf denselben? 22. Fällt das Toilettengeld, welches er der Frau verabfolgt, unter den Gesichtspunkt der Schenkung? 23. Gehört der Frau der nicht verwandte Ueberschuß, oder kann der Mann die Rückgabe desselben nach Grundsätzen der condictio ob causam datorum begehren? 24. Sind die üblichen Geburts- und Weihnachtsgeschenke unter den Ehegatten nach römischem Recht ungültig? 25. Muß der Mann die Schulden be-

IV. Aus dem häuslichen Leben.

zahlen, welche die Frau gemacht hat? Läßt sich darauf nach römischem Recht eine schlechthin bejahende oder verneinende Antwort ertheilen? Gilt dasselbe, was von der Fleischer- und Bäckerrechnung gilt, auch von der Juwelierrechnung? 26. Die Frau überläßt dem Manne die Zinsen ihres Paraphernalvermögens; liegt darin eine ungültige Schenkung unter Ehegatten? 26a. Darf der Mann die für seine Frau bestimmten Rechnungen oder Briefe erbrechen? Es können Gründe vorliegen, welche es ihm höchst wünschenswerth machen. 27. Die Schwester führt ihrem Bruder den Haushalt — ist das ein Rechtsverhältniß, etwa ein Mandat, oder, da sie dafür freie Verpflegung hat, ein Innominatcontract?

28. Die Frau nimmt das Gesinde an; kann der Mann daraus in Anspruch genommen werden, und wie ist in diesem Fall seine Haftung zu begründen? 29. Die Frau hat der Verdingfrau (welche für die der Herrschaft und dem Dienstboten gewährte Dienstleistung von jedem Theil eine polizeilich festgestellte Gebühr von 1 Mark bezieht) einen „anständigen Lohn" versprochen, wenn sie ihr eine gute Köchin nachweise. Kennt das römische Recht einen solchen Vertrag? 30. Hat die Frau nöthig, mehr als die Taxe zu zahlen? Kann sie ihre etwaige Weigerung darauf stützen: 1) die Vergütung sei hier gesetzlich normirt, die Gegnerin dürfe gar nicht mehr annehmen, 2) die Taxe selber sei ein „anständiger Lohn", 3) ihr Versprechen sei wegen Unbestimmtheit des Gegenstandes nichtig? 31. Welche Wirkung hat es, wenn Jemand in einem öffentlichen Blatte die Anzeige erläßt: „Eine brave, tüchtige, mit guten Zeugnissen versehene Köchin kann gegen 15 Mark monatlichen Lohn sofort bei mir in Dienst treten", und es meldet sich bei ihm eine Person, der er diese Qualification nicht bestreiten kann; muß er sie nehmen, oder kann er sie auch ohne Angabe von Gründen zurückweisen? m. a. W. fällt

seine Anzeige unter den Gesichtspunkt einer öffentlichen Auslobung oder unter welchen sonst?

32. In den Zeugnissen, welche eine Herrschaft den Domestiken bei ihrer Entlassung auszustellen pflegt, wird es regelmäßig mit der Wahrheit nicht sehr streng genommen. Wenn die neue Herrschaft durch ein solches Zeugniß in Schaden kommt [es war z. B. dem Dienstmädchen bezeugt, daß es „treu und ehrlich" gedient habe, während dasselbe wegen fortgesetzter Diebereien entlassen war und dieselben auch bei der neuen Herrschaft wiederholt hat], kann sie die frühere Herrschaft auf Schadenersatz belangen? 33. Wird es von Einfluß sein, ob sie sich bei derselben noch speciell erkundigt hat?

34. Nach dem Localrecht mancher Orte muß die Annahme eines Dienstboten sofort bei der Polizei angezeigt werden; ist die Gültigkeit des Contracts von der Befolgung dieser Vorschrift abhängig? 35. Zu welcher Klasse von Gesetzen gehört das Gesetz im Fall der Bejahung, zu welcher im Fall der Verneinung dieser Frage?

36. Muß das Dienstmädchen sich das empfangene Handgeld (Angeld, Draufgabe, arrha) auf ihren Lohn einrechnen lassen? 37. Kann ihr an letzterem ein Abzug gemacht werden, wenn sie durch Krankheit an der Verrichtung der übernommenen Dienstleistungen verhindert ist? 38. Kann sie sofort entlassen werden, wenn sie stiehlt oder dasjenige nicht leisten kann, wozu sie sich anheischig gemacht hat? 39. Die Köchin weigert sich Sonntags zu kochen, indem sie sich auf die Gewerbeordnung § 195 Abs. 2 beruft: „zum Arbeiten an Sonn- und Feiertagen ist Niemand verpflichtet"; ist sie dazu befugt? 40. Kann sie, wenn sie vor der Zeit den Dienst verlassen will, dies unter der Voraussetzung thun, daß sie eine taugliche Stellvertreterin stellt? 41. Kann die Herrschaft sie in dem Fall wider Willen zurückhalten oder ihr

IV. Aus dem häuslichen Leben.

ihre Sachen vorenthalten? 42. Gibt es eine rechtliche Hülfe zum Zweck der Abwehr einer solchen Contractbrüchigkeit? Wenn nur eine Interessenklage möglich ist, wird es gerathen sein, nach der Art, wie Theorie und Praxis in Deutschland dieselbe handhabt, eine solche anzustellen? 43. Der Hausherr, welcher entdeckt hat, daß das Dienstmädchen des Nachts das Haus verlassen hat, erklärt ihm, daß er es im Wiederholungsfall aus dem Hause jagen würde; da sich der Fall wiederholt hat, so will das Mädchen gehen, indem es behauptet es sei ihm für diesen Fall bedingt gekündigt. 44. Der von außerhalb verschriebenen Köchin ist freie Rückfahrt zugesichert, wenn sie zwei Jahre im Dienste bliebe. Dies ist geschehen, sie nimmt aber, anstatt in ihre Heimath zurückzukehren, am Orte einen andern Dienst an; kann sie, wenn sie später zurückkehren will, freie Rückfahrt begehren, oder bereits bei Verlassen des Dienstes den Betrag der Reisekosten beanspruchen?

45. Wird die Köchin, welche Geld zum Einkauf oder zur Bezahlung von Rechnungen erhält, Eigenthümerin desselben? 46. Darf sie es für ihre eigenen Zwecke verwenden, indem sie sich vorbehält, die Rechnungen später aus eigenem Gelde zu bezahlen? 47. Verpflichtet sie ihre Herrschaft, wenn sie bei Handwerkern und Kaufleuten Sachen auf Namen der Herrschaft für sich auf Kredit nimmt? Macht es in dieser Beziehung einen Unterschied, ob sie von der Herrschaft ermächtigt war, bei ihnen Sachen auf Kredit zu holen, oder nicht? Sie hat dies noch nach ihrer Entlassung aus dem Dienst gethan; wie ist diese Handlung juristisch zu charakterisiren? haftet die Herrschaft? Die Herrschaft hat dem Mädchen Geld mitgegeben, um bei dem Kaufmann, bei dem sie sonst auch wohl Sachen auf Kredit holt, sofort baar zu zahlen; haftet sie, wenn das Mädchen dieselben auf Kredit nimmt? 47 a. Dasselbe hat, nachdem es seines Dienstes ent=

lassen, im Namen ihrer Dienstherrin, einer gebildeten Frau, ein Schreiben an einen Kaufmann, mit dem dieselbe in Verbindung stand, aufgesetzt, worin es heißt: Herr N. wird ersucht, **die** Ueberbringerin dieses 10 Ellen von **den** Marino zu geben, von **den ich früher bezogen habe**; haftet die Herrschaft? 48. Die Köchin ist von der Herrschaft auf den Jahrmarkt geschickt, um Kochtöpfe zur Ansicht zu holen, dieselben werden erst nach Schluß des Jahrmarktes zurückgebracht, und der Verkäufer weigert sich, dieselben zurückzunehmen, die Herrschaft macht geltend, daß eine bestimmte Frist zur Zurückgabe nicht vereinbart sei. 49. An einem derselben finden sich Spuren des Gebrauchs; enthält der Gebrauch eines zur Ansicht erbetenen Gegenstandes den Abschluß des Kaufcontracts? Gilt dies schlechthin? Von dem Buche, das man liest, von der Violine, die man spielt, von dem Rock, den man anprobirt? Die Hausfrau behauptet, mit dem Kochtopf nichts anderes gethan zu haben. 50. Während längerer Abwesenheit der Herrschaft ist eine nothwendige Reparatur oder eine nothwendige Ausgabe zu machen, das Dienstmädchen bestellt den Handwerker oder bestreitet die Ausgabe, indem sie die Mittel dazu unter Angabe des Zweckes von einer der Herrschaft befreundeten Person leiht; ist der Anspruch gegen die Herrschaft oder das Dienstmädchen zu richten, oder kann er gegen beide gerichtet werden?

51. Wer erwirbt Besitz und Eigenthum an den Waaren, welche die Köchin auf dem Markt einkauft? Kommt es darauf an, ob sie dabei gesagt hat, daß und für welche Herrschaft sie einkaufe? 52. Wenn sie irrthümlich oder absichtlich eine bedeutende Partie Waaren, z. B. größere Zucker- und Kaffeevorräthe, an einer anderen Stelle eingekauft hat, als ihre Herrschaft es ihr aufgegeben hat, ist letztere an den Vertrag gebunden? 53. Die Köchin leiht einen Gegenstand, den sie gerade nöthig hat, z. B.

IV. Aus dem häuslichen Leben.

Eier, Milch, von einer bei einer in demselben Hause wohnenden anderen Familie dienenden Köchin, ohne daß beide Herrschaften darum wissen; wie ist dieser Vorgang rechtlich zu beurtheilen, d. h. welcher Contract liegt vor, und welche Wirkungen erzeugt derselbe für die beiden Herrschaften? 54. Ist es von Einfluß, wenn beide Herrschaften ihren Köchinnen derartige Geschäfte untersagt hatten? Wird die eine durch das Entleihen verpflichtet, und kann die andere die heimliche Fortgabe der ihr gehörigen Gegenstände wider ihren Willen als furtum bezeichnen?

55. Die Köchinnen-Moral mancher großen Städte erblickt in dem sog. Marktgroschen (ein Aufschlag, den die Köchin zu ihren Gunsten auf Alles macht, was sie einkauft) kein Unrecht, es ist in den Augen der Köchinnen eine ihnen gebührende Nebeneinnahme, der Küchenzehnte, dessen (nach der Höhe der durchschnittlichen Einkaufsumme bemessenen) Betrag sie sogar bei Annahme des Dienstes im Voraus mit in Anschlag bringen. Liegen hier die Voraussetzungen eines partikulären Gewohnheitsrechts vor?

56. Auch in dem Naschen findet die Domestikenmoral nichts Unrechtes; stimmt das römische Recht damit überein? Ist hier der Satz: Minima non curat Praetor zur Anwendung zu bringen? 57. Die Kammerzofe hat sich während der Abwesenheit der Herrschaft der Toilette der Hausfrau bedient, um damit einen Bürgerball zu besuchen; wie ist die Handlung juristisch zu charakterisiren? 58. Die Hausfrau verlangt, daß die Kammerzofe ihr den gegenwärtigen Werth der benutzten Kleider, Tanzschuhe u. s. w. ersetze, während das Dienstmädchen sich lediglich zu einer unbedeutenden Entschädigung für Abnutzung verstehen will; wer ist im Recht?

59. Die Hausfrau pflegt das Wild häufig von einem notorischen Wilddieb zu kaufen. Ist sie nach römischem Recht

IV. Aus dem häuslichen Leben.

Eigenthümerin des Wildes geworden? 60. Auch nach heutigem Recht? 61. Wie qualificirt das römische Recht den wissentlichen Kauf der gestohlenen Sache vom Diebe? 62. Geht das Eigenthum an dem gestohlenen Wild, z. B. dem Rehbock, durch Zerlegen desselben auf den Besitzer über, d. h. liegt darin eine Specification? Liegt im Ausstopfen desselben eine Specification? In der Anfertigung des Skeletts für eine zoologische Sammlung? Specificirt der Anatom, der ein Präparat macht? 63. Specificirt die Köchin, indem sie kocht, brät, backt, einmacht, Kaffee, Thee macht? Stehen in dieser Beziehung alle Speisen und Getränke, welche aus ihren Händen hervorgehen, sich gleich? 64. Angenommen, es befinden sich darunter wirkliche Specificationsfälle, erwirbt sie selber als Specificantin das Eigenthum? 65. In manchen Gegenden ist es hergebracht, daß der Köchin, wenn nichts anderes ausgemacht ist, von den Hasen, die sie bereitet, das Fell gehört; kann sie sich, nachdem sie es abgezogen hat, als Eigenthümerin desselben betrachten, und worauf wäre dieser Eigenthumserwerb zurückzuführen (Occupation? Tradition? Eigenthumsanfall ohne Besitzerwerb?), oder hat sie nur einen obligatorischen Anspruch, und mit welcher Klage würde er geltend zu machen sein? 66. Ein Wittwer überträgt seiner Schwester die Führung seines Haushaltes; ist das ein juristisches Verhältniß? Etwa ein unentgeltliches Mandat, oder, da sie dafür freie Verpflegung hat, ein Innominatcontract (do, ut facias)? 67. Die von der Herrschaft an einem bestimmten Tage der Woche beschäftigte Näherin nimmt heimlich einen Roman mit, den sie das nächste Mal zurückbringt; liegt darin ein furtum? Hat sie zu haften, wenn derselbe bei ihr ohne ihre Schuld durch einen casus unterging? 68. Die zum Waschen für den ganzen Tag gemiethete Wäscherin bringt eigene Wäsche mit, die sie heimlich wäscht; wie ist die Handlungsweise nach römischem Recht

IV. Aus dem häuslichen Leben.

zu charakterisiren? 69. Eine Wäscherin verleiht die ihr zum Waschen gegebene Wäsche, nachdem sie dieselbe gewaschen, an andere Personen (in großen Städten wird dies förmlich gewerbs= mäßig betrieben, man abonnirt bei Wäscherinnen auf Leibwäsche), welche Folgen hat dies nach römischem Recht? 70. Der Herr übergibt seinem Bedienten einen Brief zum Ueberbringen an einen Freund, letzterer händigt demselben das Ant= wortschreiben ein; wie verhält es sich in beiden Fällen mit Besitz= und Eigenthumserwerb? 71. In Abwesenheit des Herrn pflegt der Bediente aus Neugierde die in dessen nicht verschlossenem Schreib= tisch aufbewahrten Briefe zu lesen; fällt dies unter den Gesichtspunkt eines römischen Delictes? Des dolus? des furtum usus? Der Bediente führt zu seiner Entschuldigung an: der Umstand, daß der Herr die Schreibtischlade nicht verschlossen habe, beweise, daß er auf die Geheimhaltung der Briefe keinen Werth lege, ein Interesse für den Herrn stehe dabei auch gar nicht auf dem Spiele. 72. Würde der Fall anders stehen, wenn letzteres der Fall wäre? wenn z. B. der Bediente von einem Concurrenten seines Herrn bestochen wäre, ihm auf diese Weise ein wichtiges Geschäftsgeheimniß zu verrathen, werthvolle Adressen mitzuthei= len? Würde auch letzterer in Anspruch genommen werden kön= nen? 73. Der Bediente, der seinem Herrn einen zudringlichen Weinreisenden zu melden hat, wird von ihm beauftragt, denselben in einer Weise abzuweisen, welche für denselben eine Beleidigung enthält; haftet er? Der Herr sucht sich damit zu entschuldigen, daß ihm bei der Zudringlichkeit des Reisenden, den er schon öfters abgewiesen habe, nichts anderes übrig geblieben sei, als ihn in einer Weise zu behandeln, daß ihm die Lust zu wiederholten Versuchen vergehe, er habe sich ihm gegenüber in einem Noth= stande befunden. 74. Würde eine Beleidigung darin liegen, wenn der Herr dem Weinreisenden, der trotz seiner Erklärung,

IV. Aus dem häuslichen Leben.

daß er nichts von ihm nehme, nicht weichen will, droht: er würde seinen Bedienten rufen und ihn vor die Thüre setzen lassen? 75. Der Herr bestellt 1882 bei ihm einen Wein, den er bisher nach Maßgabe des ihm übersandten Preiscourants von 1880 für 3 Mark die Flasche bezogen hat. Auf der später eintreffenden Rechnung ist ihm derselbe mit 3 Mark 50 Pf. angesetzt, und auf seine Reclamation erwidert ihm das Haus, der Preis sei inzwischen erhöht worden, wie aus dem beigelegten Preiscourant für 1881 hervorgehe. Der Besteller wendet Unkenntniß desselben ein, das Haus bemerkt ihm, er habe sich erkundigen sollen, ob der Preis noch derselbe sei, die Preise der Weine seien in Folge der schlechten Ernten ganz allgemein gestiegen, und die Hinzufügung der Jahreszahl auf dem Preiscourant habe die Geltung desselben ausdrücklich auf das angegebene Jahr beschränkt. Sobann hätten auch Preiscourante gar keine verbindliche Kraft, sie enthielten keine Offerten, sondern lediglich eine Bekanntmachung, Emittent verpflichte sich durch sie keineswegs, den Artikel zu dem angesetzten Preise abzulassen, er behalte in Bezug auf den Ansatz des Preises völlige Freiheit. Wie ist der Fall zu entscheiden? Es liegen drei Möglichkeiten vor: der Kaufpreis beträgt 3 Mark — er beträgt 3 Mark 50 Pf. — der Kauf ist wegen mangelnder Uebereinstimmung über den Preis gar nicht zu Stande gekommen. Angenommen, daß das Haus schließlich, um die Differenz zu schlichten, sich bereit erklärt, den Wein zu dem früheren Preise zu lassen, muß der Besteller ihn behalten, oder kann er ihn zur Verfügung stellen?

75 a. Der Besitzer eines großen Gartens läßt durch eine Gemüsehökerin das überflüssige Gemüse und Obst auf dem Markte verkaufen. Wie ist das Verhältniß juristisch zu bestimmen, wenn es ihr 1. zu einem bestimmten Preise angesetzt

IV. Aus dem häuslichen Leben.

wird, 2. wenn sie eine bestimmte Quote des Erlöses, 3. wöchentlich einen bestimmten Lohn erhält?

75 b. Ein Onkel bestimmt seine Nichte, ihm seinen Haushalt zu führen. Einen Lohn, sagt er, gebe er ihr nicht, nach seinem Tode falle ihr ja doch alles zu, was er habe. Er stirbt mit Hinterlassung eines Testaments, worin er seinen Bruder zum Erben eingesetzt hat. Kann die Nichte für ihre Jahre lang geleisteten Dienste eine Entschädigung verlangen und an welche Klage ließe sich hier denken? Ein ähnlicher Fall ist folgender: Ein Dienstmädchen, das bei einer und derselben Hausfrau Jahre lang gedient hatte, wird von derselben nach ihrer Verheirathung dazu verwandt, ein Mal in der Woche die Fußböden zu scheuern und die ganze Wohnung zu reinigen, wozu sie einen ganzen Tag nöthig hat, ihre frühere Herrschaft hat ihr dafür versprochen, ihre Kinder in ihrem Testament angemessen zu bedenken. Nach dem Tode derselben zeigt es sich, daß dies unterblieben ist. Sie hat Klage erhoben gegen die Erben wegen Nichterfüllung des Versprechens, ist jedoch damit abgewiesen, erstens weil dasselbe nicht ihr, sondern den Kindern gemacht worden sei, zweitens weil das Versprechen des letztwilligen Bedenkens überhaupt nicht bindend sei; war die Abweisung begründet?

75 c. Ein Ladendiener hat sich bei einer Familie in Pension gegeben, und es ist bestimmt worden, was er zu beanspruchen hat, worunter der Nachmittagskaffee nicht genannt ist. Nachdem das Verhältniß mehrere Jahre bestanden hat, und der Pensionspreis von ihm monatlich immer richtig gezahlt worden ist, wird dasselbe in Unfrieden aufgelöst, und es wird jetzt gegen ihn ein Anspruch von nahezu 100 Mark wegen des in diesen Jahren ihm ohne seine Aufforderung offerirten und von ihm entgegengenommenen Nachmittagskaffees erhoben; ist derselbe begründet?

V. Beim Schneider.

1. Welcher Art ist der Contract mit dem Schneider, wenn der Kunde, welcher sich einen Rock bei ihm anmessen läßt, das Tuch selber dazu gibt? 2. Macht es nach römischem Recht einen Unterschied, ob der gesammte Preis für Arbeitslohn nebst Zuthaten im Voraus fest accordirt ist, oder nicht? 3. Kann der Schneider im letzteren Fall den Preis beliebig hoch ansetzen? 4. Muß der Schneider dafür haften, wenn sein Vorschneider das vom Besteller gelieferte Tuch verschneidet? Haftet er in Bezug auf letzteren bloß für culpa in eligendo oder für culpa schlechthin? 5. Kann er Ersatz für den Arbeitslohn verlangen, wenn der in Arbeit befindliche Rock durch casus, z. B. bei einer Feuersbrunst, untergeht? 6. Kann er den Rock bis zur geleisteten Zahlung retiniren?

7. Welcher Art ist das Verhältniß, wenn der Schneider selber das Tuch stellt? 8. Tritt bei diesem Verhältniß in Bezug auf die Frage von der Gefahr eine Abweichung von dem obigen Verhältniß ein? 9. Mit welchem Moment geht die Gefahr auf den Besteller über: wenn der Rock fertig ist — wenn der Lehrbursche mit ihm das Haus verläßt, um ihn zu überbringen — wenn er ihn überbracht hat? Macht es einen Unterschied, ob er den Rock dem Besteller persönlich übergeben, oder ob er ihn in Abwesenheit desselben bei dessen Leuten abgegeben hat? 10. Angenommen, der Besteller habe den Rock zurückgewiesen, weil er ihm nicht paßte, oder dem Ueberbringer zum Zweck einer Aenderung wieder mit zurückgegeben, wer trägt die Gefahr? 11. Unter welchem Gesichtspunkt fällt diese Zurückweisung? unter den der mora accipiendi? 12. Läßt sich hier der Gesichtspunkt mangelnder dicta promissa geltend machen? 13. Ist der Besteller verpflichtet, den Rock, der ihm zu einem bestimmten Termin

V. Beim Schneider.

ober für eine bestimmte Gelegenheit (z. B. Confirmation, Hochzeit, Ball) zugesagt ist, noch nachher zu nehmen? 14. Würde es dabei in Betracht kommen, ob der Schneider durch unabwendbare Hindernisse (z. B. allgemeine Arbeitseinstellung der Gesellen) an rechtzeitiger Lieferung verhindert worden ist? 15. Hat der Schneider, wenn kein Lieferungstermin bestimmt ist, eine unbegrenzte Lieferungsfrist?

16. Darf der Empfänger des Rocks dem Lehrling, der ihm denselben nebst Rechnung überbringt, den Betrag der Rechnung einhändigen? Macht es in dieser Beziehung einen Unterschied, ob die Rechnung quittirt oder unquittirt war? Der Lehrling hatte die quittirte Rechnung verloren, ein Anderer findet sie und erhebt darauf Zahlung; muß der Kunde, da er an den Unrechten gezahlt hat, nochmals zahlen?

17. Wem steht das Eigenthum an dem noch nicht abgelieferten Rock zu, wenn der Kunde selber das Tuch dazu gegeben hat, ihm oder dem Schneider? Dies hängt davon ab, ob in der Anfertigung eines Rockes eine Specification liegt, und wenn dies zu bejahen, ob anzunehmen ist, daß der Schneider oder der Geselle, der den Rock anfertigt, im eignen Namen oder in dem des Bestellers specificirt hat? 18. Wie verhält es sich mit dem Eigenthum am Rock, wenn der Schneider das Tuch gestellt hat? 19. Geht dasselbe sofort mit der Ablieferung des Rockes (auch ohne Zahlung) auf den Kunden über, d. h. liegt in der bloßen Ablieferung desselben als solcher ein Creditgeben? Liegt ein Creditgeben vor, wenn die Rechnung nicht beigelegt war? wenn der Schneider bloß halbjährlich die Rechnung einzusenden pflegte?

20. Wenn Jemand sich in einem Kleidermagazin einen Rock gekauft hat, von dem es sich hinterher herausstellt, daß er bereits getragen war, kann er ihn zurückgeben auf Grund wesentlichen Irrthums? 21. Auf Grund eines heimlichen Fehlers?

22. Gibt es nicht auch stillschweigende dicta promissa? Hat man nöthig, in einem Kleidermagazin sich noch erst versichern zu lassen, daß die Kleider, welche hier feil geboten werden, keine getragenen seien? 23. Würde ganz dasselbe auch in dem Fall gelten, wenn man den Rock bei einem Kleidertrödler gekauft hätte? 24. Oder auf einer Nachlaßauction? Würde in letzterem Fall die erwiesene Voraussetzung des Käufers, daß der Rock noch nicht getragen sei, eine Auflösung des Handels wegen wesentlichen Irrthums ermöglichen?

VI. Beim Buchhändler.

Rechtsverhältnisse, zu denen ein Buch Anlaß gibt. 1. Die Herausgabe desselben beruht auf dem Verlagsvertrage zwischen Schriftsteller und Verleger. Ist derselbe als Verkauf des Manuscripts aufzufassen? 2. Hat der Verleger am Manuscript als solchem, nachdem er es benutzt hat, ein Recht, oder muß er es dem Verfasser zurückstellen? 3. Geht die Verpflichtung des Verlegers bloß auf die Zahlung des Schriftsteller-Honorars? 4. Worin besteht sie, wenn gar kein Honorar bedungen worden ist? 5. Wie ist die Handlung des Verlegers, der statt der ihm contractmäßig zustehenden 1000 Exemplare 1200 abziehen läßt, juristisch aufzufassen? ist es ein Delikt: etwa dolus, oder furtum oder eine bloße Contractswidrigkeit? 6. Die Handlung läßt sich auch unabhängig von jedem contractlichen Verhältniß denken, wenn nämlich Jemand unerlaubter Weise ein fremdes Buch nachdruckt. Wie würde ein römischer Jurist diese Handlung charakterisirt haben? ist der Begriff des furtum rei zutreffend? 7. Kann der Verleger oder der Verfasser diese Exemplare vindiciren? 8. Beim Kauf geht das Eigenthum erst mit Zahlung des Kaufpreises oder Creditgeben über; wie wirkt es also, wenn das Schriftstellerhonorar weder entrichtet, noch creditirt ist, d. h. wem gehört bis dahin, daß dies geschehen, die Auflage, dem Schriftsteller oder dem Verleger?

9. Erwirbt der Verleger an den Exemplaren auch dann das Eigenthum, wenn das Papier nicht ihm gehört, m. a. W. enthält das Drucken eine Specification? Was gilt in dieser Beziehung vom Schreiben? Ist das Drucken dem Schreiben gleichzustellen? Kann der Papierfabrikant, der das Papier nicht auf Kredit geliefert und den Preis nicht gezahlt erhalten hat, im Fall des Concurses des Verlegers den noch vorhandenen Vorrath an Exemplaren vindiciren, weil, selbst wenn man in dem Bedrucken eine Specification finden wollte, dieselbe im vorliegenden Fall mala fide vorgenommen ist, da der Buchhändler das Papier vor Zahlung des Preises gar nicht hätte verwenden dürfen?

10. Kommt Jemand, der bei dem Sortimentsbuchhändler ein Buch kauft, mit der Verlagsbuchhandlung in eine rechtliche Beziehung? 11. Wenn man ersterem den Auftrag gibt, ein Buch zu „verschreiben", welches Rechtsverhältniß entsteht hier? Ein Mandatsverhältniß? 12. Wie ist das Rechtsverhältniß an den von dem Sortimentsbuchhändler den Kunden zur Ansicht zugeschickten Büchern aufzufassen, liegt hier ein Depositum, ein Commodat, eine emtio, „si placuerit" oder „nisi displicuerit", ein pactum de contrahendo vor? Dieselbe Frage erhebt sich auch in Bezug auf die dem Sortimentsbuchhändler vom Verleger à condition zugesandten Bücher. 13. Haftet der Empfänger in beiden Fällen für culpa lata, levis, casus? Läßt sich die Frage in dieser allgemeinen Fassung beantworten, oder kommt es nicht auf die Gestaltung des Verhältnisses an, z. B. ob die Zustellung in Folge seiner Aufforderung erfolgt ist, ob zum ersten Male oder fortgesetzt? 13a. Der Kunde hat das ihm zur Ansicht zugesandte Werk einbinden lassen, später erhält er

vom Verfasser ein Freiexemplar geschenkt, das er an Stelle des ersteren dem Buchhändler zurückstellt; dieser weigert sich, es anzunehmen, von der anderen Seite wird ihm entgegengesetzt: Bücher seien fungible Sachen. 13b. Von einer Abhandlung, die ein ganzes Heft einer Zeitschrift füllt, erscheint eine Separatausgabe mit besonderem Titelblatt, auf dem neben der Überschrift derselben unten auch der Name und der Band der Zeitschrift genannt ist. Einem Abonnenten der Zeitschrift wird von dem Buchhändler, bei dem er abonnirt ist, ein Exemplar dieser Separatausgabe zugestellt, und er, in der Meinung, daß es das Heft der Zeitschrift sei, schneidet es auf und versieht es mit Bemerkungen, erst einige Tage später wird ihm das Heft zugestellt. Er verweigert die Zahlung für die Separatausgabe, es sei dolus gewesen, daß ihm das Heft der Zeitschrift erst später zugestellt worden sei, jedenfalls aber habe er sich in einem wesentlichen Irrthum befunden, der Kauf der Separatausgabe sei mithin nichtig, auf Entschuldbarkeit oder Unentschuldbarkeit des Irrthums komme es dabei nicht an. Wie verhält es sich mit der letzteren Behauptung? War im vorliegenden Falle der Irrthum ein entschuldbarer? Die Hefte der Zeitschrift tragen auf dem Umschlage nie die Bezeichnung des Inhalts, sondern nur den der Zeitschrift selber unter Angabe von Jahrgang und Heft. 14. Der Ausläufer der Buchhandlung pflegt die zur Ansicht zugestellten Bücherpackete auf einen Tisch im Vorplatz der Wohnung des Adressaten niederzulegen, hier wird eins derselben gestohlen; wer hat den Schaden zu tragen; der Buchhändler oder der Kunde? 15. Kann der Kunde die Bücher gegen Zahlung des Preises behalten, wenn der Buchhändler darauf besteht, sie zurückzubekommen, weil er dieselben anderweitig zugesagt habe? 16. Muß er sie behalten, wenn er sie aufgeschnitten oder beschmutzt hat? 17. Würde, wenn sich dies nicht aus

VI. Beim Buchhändler.

andern Gründen rechtfertigen ließe, der übliche Passus der Note: „beschmutzte und aufgeschnittene Bücher werden nicht zurückgenommen" zu dem Zweck ausreichen? 18. Ist das Beschmutzen und Aufschneiden als thatsächliche Aeußerung des zu dem Zustandekommen des Contractes nöthigen Consenses anzusehen? 19. Wenn dies richtig wäre, würde man dann nicht auch die Beschädigung oder Vernichtung von Sachen, die zum Verkauf ausgestellt sind (z. B. Töpferwaaren, Obst auf dem Markt, Weinflaschen, Eßwaaren auf dem Büffet einer Restauration) unter den Gesichtspunkt eines Kaufs bringen können? Kauft man die Flasche Wein oder die Töpfe, die man aus Versehen umstößt? Da man in dem einen wie in dem andern Falle zahlen muß, so scheint die Frage völlig müssig zu sein, oder ist sie es vielleicht nicht? Wie, wenn der Thäter sich im bewußtlosen Zustande befand?

20. Auf der dem Bücherpacket beigegebenen Factura befindet sich die Notiz: Bücher, welche nicht innerhalb eines Monats zurückgestellt werden, gelten als fest behalten. Hat dieser einseitige Vorbehalt für den Kunden verbindliche Kraft? Kommt es vielleicht darauf an, ob es ein alter oder neuer Kunde war? Ist letzterer verpflichtet, die Büchersendungen, die ihm von verschiedenen Buchhandlungen unaufgefordert gemacht werden, zurücktragen zu lassen, oder kann er nicht abwarten, bis sie abgeholt werden? 21. Zur Orientirung über diese Frage kann folgender Fall dienen. Es kommt in neuerer Zeit vor, daß zudringliche Cigarrenfabrikanten auswärtigen, völlig unbekannten Personen Preiscourante mit der Bemerkung zusenden, daß sie sich erlauben würden, eine Kiste mit Proben zuzusenden, wenn die Sendung nicht ausdrücklich verboten werde. Verpflichtet man sich durch Nichtbeantwortung einer solchen Mittheilung, die Sendung zu behalten? 22. Würde es im obigen Fall von Einfluß sein, daß

VI. Beim Buchhändler.

der Buchhändler bisher die verspätete Zurückstellung der Bücher=
packete bei einem alten Kunden nie monirt hat und jetzt in einem
einzelnen Fall von dem obigen Vorbehalt Gebrauch machen will?
23. Eine scharfe Recension kann für den Absatz eines
Buches oft wahrhaft verderblich werden. Haben Verleger und
Verfasser gegen den Urheber der Recension nicht wenigstens dann
eine Klage, wenn letztere ungerecht und hämisch ist, oder wenn,
wie es gar nicht selten vorkommt, der Recensent das Buch gar
nicht einmal gelesen, gleichwohl aber über dasselbe abgeurtheilt
hat? 24. Begründen umgekehrt die lobpreisenden, häufig von
den Verfassern selber entworfenen Ankündigungen des Buchs von
Seiten der Buchhandlung eine Verpflichtung derselben gegen die
dadurch verleiteten Käufer wegen mangelnder dicta promissa?
Oder die Zusicherung auf dem Titel, z. B. „Vollständig erschö=
pfende Darstellung" u. s. w. „Zusammenstellung der neuesten
Fahrpläne der Eisenbahnen" u. s. w.? 25. Fehlerhafte Angaben
in derartigen Zusammenstellungen, Terminskalendern, Coursver=
zeichnissen u. a. m. können eine Partei, die darauf sich verläßt,
in den größten Schaden bringen; kann sie Regreß nehmen gegen
den Sortimentsbuchhändler, von dem sie das Werk gekauft hat?
Oder gegen den Verleger? Oder den Verfasser oder den Cor=
rector, wenn auf diese die Schuld fällt? 26. Wie, wenn der
Verleger die Exemplare der alten Auflage, weil sie keinen Absatz
finden, unter neuem Titelblatt als „zweite Auflage" erscheinen
läßt? Muß Jemand, der sich ein solches Exemplar bestellt
hat, dasselbe behalten? Steht dieser Fall dem obigen gleich?
Auch der: wenn die zweite Auflage als „verbesserte" bezeichnet
ist, während die getroffenen Aenderungen nichts weniger als
Verbesserungen enthalten? 27. Kann man ein unbestritten
werthloses literarisches Erzeugniß, das man von der Buchhand=
lung bezogen hat, hinterher wegen Unbrauchbarkeit („heimliche

VI. Beim Buchhändler.

Fehler und Mängel") zurückgeben (act. redhibitoria)? 28. Oder wegen laesio enormis oder wegen Irrthums über die Eigenschaften? 29. Ein Förster subcribirte auf ein „indogermanisches Wurzellexikon" in der Meinung, daß es (statt von sprachlichen Wurzeln) von botanischen (von Baumwurzeln) handle; ein Officier bestellte bei einem Antiquar Albrechts germanistisches Werk: „über die Gewere" in der Meinung, daß es von Schießgewehren handle; ist der Vertrag wegen Irrthums nichtig? 30. Wenn eine Buchhandlung gewohnt ist, ihren Kunden einen gewissen Rabatt zu geben, und es hat Jemand bei ihr Bücher bestellt, ohne daß des Rabatts Erwähnung geschehen ist, kann sie ihm dieselben zum vollen Ladenpreise berechnen, oder muß sie ihm Rabatt geben? 31. Der Eigenthümer hat die Bücher später für die „Hälfte dessen, was sie ihm gekostet", weiter verkauft und berechnet als Preis den Ladenpreis, indem er behauptet, daß der ihm gewährte Rabatt als besondere Concession des Verkäufers bei der Frage von der Höhe des Kaufpreises nicht weiter in Betracht komme. 32. Eine Dame, welche sich scheut, einen schlüpfrigen Roman auf eignen Namen zu beziehen, bedient sich dabei der Vermittlung eines Bekannten. Später tritt zwischen beiden ein Zerwürfniß ein, und der Herr, dem der Roman von der Buchhandlung auf seine Rechnung gestellt war, theilt derselben den obigen Sachverhalt mit und fordert sie auf, der Dame die Rechnung zu übersenden. Es sind folgende Fragen zu beantworten: 1. Muß die Buchhandlung statt des Herrn die Dame in Anspruch nehmen? 2. Kann sie es thun, wenn sie will, oder wenn sie den Preis von dem Besteller nicht erlangen kann? 3. Kann sie das vorhandene Exemplar vindiciren? 4. Kann die Dame den Herrn wegen der begangenen Indiscretion in Anspruch nehmen?

33. Geht durch das Einbinden des Buchs mit dem Eigen-

thum eine Veränderung vor sich, d. h. liegt darin eine Specification? 34. Wenn sich beim Einbinden des Buches zeigt, daß ein Druckbogen fehlt, kann man daraufhin das Buch als fehlerhaftes redhibiren? Die Buchhandlung erbietet sich, den Bogen nachzuliefern, muß man sich damit zufrieden geben? 35. Kann man die Klage direct auf letzteres richten, und wie wäre der Anspruch zu begründen? 36. Kann man ihn gegen die Verlagsbuchhandlung, oder muß man ihn gegen die Sortimentsbuchhandlung richten, von der man das Exemplar bezogen hat?

VII. Auf der Bücherauction.

1. Wir haben die Absicht, auf einer Bücherauction verschiedene Bücher für uns zu steigern, und haben zugleich von einem Freunde Aufträge übernommen. Haften wir letzterem, wenn wir die Auction versäumen, z. B. wegen eines plötzlich eintreffenden Besuchs, wegen Unpäßlichkeit, wegen einer Einladung?

2. Wir sind lediglich der Auction wegen von X nach Z hinübergefahren; als wir ankommen, erfahren wir, daß die Auction um eine Woche hinausgesetzt ist; können wir den Ersatz unserer Reisekosten verlangen?

3. Auf der Auction wird ein Werk, auf das wir das höchste Gebot gethan hatten, wegen nicht genügenden Gebotes zurückgezogen; können wir nicht verlangen, daß uns der Zuschlag ertheilt werde? 4. Aus Versehen haben wir auf Nr. 117 geboten, indem wir glaubten, daß Nr. 116 zum Gebot stehe, und haben den Zuschlag erhalten; müssen wir das Werk behalten? 5. Im Katalog steht Puchta's Pandekten „vierte Auflage" fälschlich statt der fünften angeführt; können wir die Annahme des von uns gesteigerten Buches wegen „mangelnder dicta promissa" verweigern? 6. Wie im entgegengesetzten Fall, wenn

VII. Auf der Bücherauction.

die vierte Auflage im Katalog als fünfte bezeichnet war? 7. Läßt sich der Handel, wenn gar keine Auflage genannt war, wegen ungenügender dicta promissa rückgängig machen?

8. Wir haben in Ausführung des uns von unserem Freunde gegebenen Auftrages ein Werk gesteigert. Auf die demselben im Katalog folgenden Nummern, welche werthlose Broschüren enthalten, erfolgt kein Gebot, und nach dem an manchen Orten geltenden Usus werden uns dieselben für den niedrigsten Satz (10 Pf.) zugeschlagen. Unser Freund weigert sich, dieselben zu übernehmen, weil er darauf keinen Auftrag gegeben habe; muß er sie nehmen?

9. Welches Rechtsverhältniß entsteht nach erfolgtem Gebot und vor erfolgtem Zuschlag, eine emtio unter einer in den Willen des andern Theils gestellten Suspensiv- oder Resolutivbedingung, ein pactum de emendo, eine bloße Offerte? 10. Wenn die Sache in diesem Stadium untergeht, wen trifft der Schaden: den Steigerer oder den Versteigerer? 11. Der Versteigerer bringt in Erfahrung, daß die wenigen bei der Auction anwesenden Personen eine Verabredung unter sich getroffen hatten, sich die Bücher gegenseitig nicht in die Höhe zu treiben, die von jedem Einzelnen erstandenen Bücher vielmehr nach beendeter Auction wiederum unter sich zu versteigern und den Gewinn zu theilen. Der Ertrag, der auf diese Weise für die Bücher aufgekommen ist, beträgt mehr als das Doppelte des dem Versteigerer zugefallenen; letzterer glaubt mittelst der act. doli den Ueberschuß beanspruchen zu können; ist die Klage begründet?

12. In dem erstandenen Buch findet sich eingeklebt zwischen zwei Seiten ein Hundertmarkschein; kann der Käufer ihn behalten? Hat er ihn mitgekauft? Kann er ihn als Schatz in Anspruch nehmen? Als sicher soll angenommen werden, daß der Eigenthümer der Bibliothek ihn nicht hineingeklebt hat.

VIII. Rechtsverhältnisse bei Zeitungen.

1. Es verabreden sich Mehrere zum gemeinschaftlichen Halten einer Zeitung; welches Rechtsgeschäft liegt hier vor? Der Eine bestellt die Zeitung bei der Post und entrichtet den Betrag; mit welcher Klage würde er von den anderen die auf sie fallenden Antheile beitreiben können? 2. Welcher Art ist das Geschäft mit der Post? Uebernimmt letztere lediglich als Stellvertreterin die Besorgung der Bestellung bei der Expedition der Zeitung, oder contrahirt sie selbständig? 3. Wie ist im letzteren Fall der Vertrag aufzufassen, als locatio operarum oder operis, oder als Kauf, und wenn als Kauf, wie ist der Gegenstand desselben zu bestimmen? 4. Ist die Post verpflichtet, die fehlenden Nummern nachzuliefern, und mit welcher Klage müßte man sie belangen? Worauf ist, wenn die Nummern nicht nachgeliefert werden, die Interessenliquidation zu richten, bloß auf den Verlaufspreis der einzelnen Nummer? Man denke an den Fall, daß es sich um einen im Feuilleton erscheinenden Roman oder um eine von einer öffentlichen Bibliothek gehaltene Zeitung handelt, welche den Zweck einer demnächstigen historischen Quelle hat. Gilt dasselbe, was von der öffentlichen Bibliothek gilt, auch von dem gewöhnlichen Zeitungsabonnenten? 5. Ist die Post, wenn das Blatt im Lauf des Abonnementsquartals unterdrückt wird, zu einer entsprechenden Rückgabe des gezahlten Abonnementsbetrages verpflichtet? oder 6. können die Abonnenten nicht gegen Rückgabe der erhaltenen Nummern den ganzen Abonnementspreis zurückbegehren, indem sie geltend machen, daß sie auf ein ganzes Vierteljahr abonnirt hätten und eine theilweise Leistung nicht anzunehmen brauchten? 7. Könnte nicht umgekehrt die Post oder die Verlagshandlung den Gesichtspunkt geltend machen, daß, da bei dem Kauf das periculum den Käufer treffe, die Unterdrückung

VIII. Rechtsverhältnisse bei Zeitungen.

eines Blattes aber als casus aufzufassen sei, die Abonnenten keinen Anspruch auf Rückgabe des gezahlten Preises hätten? Besitz und Eigenthumsverhältniß an den einzelnen Nummern. 8. Dem A wird die Zeitung zuerst zugestellt, dann dem B, der C, welcher sie zuletzt erhält, soll sie behalten. Der Postbote pflegt die einzelne Nummer im Vorplatz der Wohnung des A niederzulegen; ist jetzt bereits Besitz und Eigenthum daran erworben und von wem? von A allein, oder haben gleichzeitig auch B und C oder bloß C Besitz und Eigenthum erworben? 9. Wie ist das Eigenthumsverhältniß an den einzelnen Blättern zu bestimmen, wenn nicht ausgemacht ist, daß einer der Theilnehmer sie behalten soll? 10. Durch falsche Nachrichten kann eine Zeitung sehr großen Schaden anstiften, insbesondere auf die Course der Papiere sehr fühlbar einwirken (z. B. durch falsche Coursberichte von großen Plätzen, unwahre politische Ereignisse von großer Tragweite); findet dafür eine Haftung statt, und an wen müßte man sich halten, an den Redacteur oder den Eigenthümer der Zeitung? Kommt es auf dolus an, oder reicht, da hier zwischen den Abonnenten und dem Zeitungsunternehmer ein obligatorisches Verhältniß besteht, culpa aus? 11. In einem Club pflegte ein Mitglied, welches das Local Abends zuletzt verließ, die noch nicht gelesenen Zeitungsblätter mit nach Hause zu nehmen und am folgenden Morgen wiederzubringen; welche Klage würde dem Vorstande nach römischem Recht gegen dasselbe zustehen, wenn dasselbe trotz wiederholten Verbots davon nicht ablassen will? 12. In den Statuten des Vereins heißt es: „wer die Anstalt benutzt, ohne Mitglied zu sein, hat den Jahresbeitrag von 30 Mark zu entrichten." Ein Nichtmitglied hat den Clubdiener bestochen, ihm die reponirten Zeitungsblätter zuzustellen; hat er jenen Artikel zu fürchten? wie ist sein Vertrag mit dem Clubdiener zu charakterisiren? Würde letzterem eine Klage auf den versprochenen Lohn zu gewähren sein?

13. Darf eine neu zu gründende Zeitung benselben Namen annehmen, unter dem bereits (an demselben — oder an einem andern Ort) eine andere erscheint? 14. Darf der bisherige Herausgeber einer Zeitung, der dieselbe verkauft hat (unter demselben oder andern Namen, in demselben oder anderm Ort) eine neue gründen? 15. Darf die eine Zeitung die Telegramme der andern abdrucken? Einzelne Artikel? Ganze Blätter? 16. Wie ist das rechtliche Verhältniß der in manchen Ländern für die Gründung einer Zeitung vorgeschriebenen Cautionen zu bestimmen? Würde es dafür einen Unterschied machen, ob die Caution in baarem Gelde zu bestellen ist oder auch in Werthpapieren beschafft werden kann, d. h. welches Recht erhält die Staatsbehörde daran (Eigenthum, Pfandrecht)?

16a. Eine neuerschienene Zeitschrift versendet an viele Leute am Ort Probenummern, auf denen sich groß gedruckt die Notiz findet: „Diejenigen Herren, welche Probenummern zugesandt erhalten, betrachten wir, wenn sie zwei Nummern annehmen, als Abonnenten." Ein Anzeigeblatt enthält die Notiz: „Diejenigen unserer geehrten Abonnenten, welche nicht vier Wochen vor Weihnachten unser Blatt abbestellen, betrachten wir als Abonnenten für das neue Jahr." Haben diese Ankündigungen rechtliche Wirkungen? 16b. Einem bisherigen Abonnenten auf ein Lokalblatt, der sein Abonnement auf dasselbe nicht erneuert hat, wird dasselbe fernerhin zugestellt, trotzdem daß er den Kolporteur durch seine Leute in Kenntniß hat setzen lassen, daß er es nicht mehr zu halten wünsche. Am Ende des Quartals wird die Zahlung des Betrages von ihm verlangt, und da er sich weigert, Herausgabe der einzelnen Nummern. Er hat dieselben in den Papierkorb geworfen; durfte er es?

16c. Eine Zeitung von einer bestimmt ausgesprochenen politischen Richtung druckt Inserate aus andern der entgegen-

VIII. Rechtsverhältnisse bei Zeitungen.

gesetzten Richtung angehörigen Zeitungen ab. Können die Einsender derselben ihr dies verwehren? Es wird ihnen entgegengehalten: sie erlitten dadurch so wenig Schaden, daß ihnen umgekehrt durch den unentgeltlichen Abdruck ihrer Inserate ein Dienst geschehe, und sodann bestehe auch an öffentlichen Anzeigen kein Urheberrecht, wie an Geisteswerken, einmal durch die Presse veröffentlicht, könnten sie von jeder Zeitung nachgedruckt werden. Die Einsender wenden dagegen ein, sie hätten das lebhafteste Interesse daran, durch Erscheinen ihrer Inserate in dem Blatt nicht öffentlich den Schein der Zugehörigkeit zu der politischen Partei auf sich zu laden, es sei nicht anders, als wenn ihr Name ohne ihr Wissen und Wollen unter ein politisches Parteiprogramm gesetzt würde.

16d. Unter der Ueberschrift: Komische Inserate werden nicht selten Inserate, welche in der That diese Bezeichnung verdienen, von andern Zeitungen vollständig, d. i. mit Nennung des Orts und des Einsenders abgedruckt; ist dies erlaubt oder gibt es dagegen eine Hülfe?

16e. Wie ist das Rechtsverhältniß der Colporteure zu bestimmen, welche an Eisenbahnen einzelne Zeitungsnummern feil halten. Dieselben werden ihnen von einem Unternehmer geliefert unter Ansetzung eines bestimmten Verkaufspreises, von dem eine Quote ihnen zufällt, die nicht verkauften liefern sie wieder ab. Ist das Verhältniß als f. g. Trödelvertrag (contractus aestimatorius) zu bestimmen? 16f. Amerikanische Blätter melden folgenden Rechtsfall. Eine New-Yorker Dame, Mrs. Harkott, hat den Herausgeber des „New-York Herald" bei Gericht verklagt, weil derselbe vor Jahresfrist sie in seinem Blatte eine „reiche und wohlthätige Dame" genannt hat. In Folge dessen hat Mrs. Harkott seit dieser Zeit 6000 Briefe bekommen, 14,000 Personen haben persönlich vorgesprochen und die Geldforderungen, welche man an sie gestellt, betragen in Summa 30 Millionen Dollars. In ihrer Eingabe sagt Mrs. Harkott: „Nichts fehlt, als daß sich noch einige Räuber gefunden hätten, mich in der Nacht zu überfallen, um das Vermögen zu holen, welches mir der Herr Redakteur angedichtet hat." Würde Mrs. Harkott vor einem deutschen Gericht Aussicht haben, mit ihrer Klage durchzubringen?

IX. Ein Hausbau.

1. Hängt das Eigenthum am Hause vom Eigenthum am Grund und Boden ab? 2. Kann man nicht auch auf einen gemietheten Bauplatz ein Haus stellen? Welches Rechtsverhältniß entsteht in diesem Fall? 3. Worin unterscheidet sich das Aufbauen einer Marktbude von dem letzteren Verhältniß? 4. Fällt das während des Baues errichtete Gerüst dem Grundeigenthümer zu? 5. Ist es nöthig, daß der Grundeigenthümer sich vergewissere, daß das zu verwendende Baumaterial in seinem Eigenthum stehe? Wie, wenn er dasselbe in gutem Glauben von einem Nichteigenthümer bezog? Ist er durch Specification Eigenthümer desselben geworden, oder kann der Eigenthümer es von ihm vindiciren? 6. Kann der Mangel des Eigenthums am verbauten Material hinterher durch Usucapion ergänzt werden? 7. Wie verhält es sich in dieser Beziehung mit den am Hause angebrachten Regenfässern? mit den Weinbörten im Keller? mit den Doppelfenstern, die nur im Winter eingesetzt werden? 8. Kann der Eigenthümer, wenn er das Haus verkauft hat, dieselben zurückbehalten, weil sie keinen Bestandtheil des Hauses bilden? Würde es von Einfluß sein, ob er das Haus zur Winterszeit verkaufte, wo die Fenster eingesetzt waren, oder im Sommer, wo dies nicht der Fall war?

IX. Ein Hausbau.

9. Wenn der Baumeister, welcher den Plan entworfen hat, den ganzen Bau für einen bestimmten Preis übernommen hat, welches Rechtsverhältniß liegt vor? 10. Wer hat den Schaden zu tragen, wenn das Haus vor der Vollendung zusammenstürzt? 11. Der Bauunternehmer hat dem Bauherrn, der ihm nicht mehr als 20,000 Mark bewilligen wollte, ausdrücklich erklärt, daß er es für diesen Preis in der von ihm vorgeschlagenen Weise nicht herstellen könne, daß dies vielmehr nur unter der Voraussetzung möglich sei, daß an dem Material in der und der Weise gespart werde, daß dadurch aber die Solidität des Baues beeinträchtigt werde. Hätte er nicht als Techniker einen solchen Bau, den er selber für einen unsoliden erklärt, gar nicht übernehmen sollen, und haftet er aus diesem Grunde, oder kann er — vorausgesetzt, daß er den Bau accordmäßig ausgeführt hat — jede Verantwortlichkeit von sich ablehnen? 12. Für welchen Grad der culpa haftet ein Architekt, welcher die Leitung und Aufsicht eines Baues übernommen hat? Etwa nach Art des mensor bloß für culpa lata? 13. Wenn er sich, wie dies bei Baumeistern die Regel bildet, im Anschlag bedeutend versehen hat, kann der Bauherr, der, wenn er den wirklichen Kostenbetrag vorher gewußt hätte, den ganzen Bau gar nicht unternommen hätte, ihn dieserhalb zur Verantwortung ziehen oder ihm einen Abzug am Honorar machen? 13a. Es wendet sich Jemand an einen Baumeister mit der Frage, ob er ihm für 40,000 Mark auf seinem Bauplatz ein Haus herstellen könne, indem er ihm seine Wünsche in Bezug auf die Einrichtung desselben im Allgemeinen bezeichnet. Der Baumeister fertigt einen Plan an, der aber keine Billigung findet; kann er dafür Honorar beanspruchen? Fälle ähnlicher Art kommen sehr häufig vor, z. B. öffentliche Ausschreibung von zu errichtenden Festhallen unter Aufforderung zur Einreichung von Plänen und

Kostenanschlägen. Ein Fall, der kürzlich zur Entscheidung kam, war folgender. Ein Weinhändler wünscht für mehrere seiner Sorten feinerer Weine elegante Etiquetten und wendet sich an einen Lithographen mit der Aufforderung, ihm Proben zu liefern. Derselbe fertigt sie an, dieselben gefallen aber nicht; kann der Lithograph für seine nutzlos aufgewandte Arbeit Entschädigung verlangen? 13b. Muß der Hauseigenthümer dulden, daß in der Luft über seinem Hause Telegraphen- und Telephondrähte gezogen werden? Kann er es nicht mit Rücksicht auf das ihm über seinem Grund zustehende Eigenthumsrecht an dem Luftraum verwehren? Braucht der Grundeigenthümer die Führung eines Viadukts über sein Feldgrundstück zu dulden? Stehen beide Fälle sich gleich? Erstreckt sich das Eigenthum auch in die Tiefe? Hat der Grundeigenthümer ein Widerspruchsrecht gegen die Erstreckung des von seinem Nachbar bei einem Hausbau errichteten Kellers auf sein Grundstück — gegen die Anlage eines Tunnels, eines Felsenkellers in einer Tiefe von einigen Tausend Fuß unter der Oberfläche seines Grundstücks? Was ergibt sich daraus für die Idee von der unbegränzten Erstreckung des Eigenthums in die Höhe und die Tiefe? Eine neapolitaner Zeitung berichtet folgenden Fall. Seit einigen Jahren ist ein Amerikaner Besitzer desjenigen Theiles der Insel Capri, unter welchem sich die weltbekannte blaue Grotte befindet, und behauptet: da mir die Oberfläche des dortigen Grund und Bodens gehört, so gehört mir auch dasjenige, was darunter ist, nämlich die „blaue Grotte". Letztere befindet sich im Besitz des Städtchens Capri, und die Verwaltung des letzteren erhebt eine Abgabe von Allen, welche die Grotte besuchen, und kommt es genannter Behörde nicht in den Sinn, ihr Eigenthum gutwillig an den Yankee abzutreten. So hat denn Letzterer einen Prozeß anhängig gemacht. Verliert er letzteren (wie ist zu entscheiden?), so kann er der blauen Grotte einen

IX. Ein Hausbau.

argen Streich spielen, indem er ein Loch von oben durch die Wölbung bohrt, wodurch der in der Grotte vorhandene prachtvolle Lichtreflex sofort verschwinden würde. Ist er dazu befugt? 13a. Die Telephonunternehmung hat mit verschiedenen Hauseigenthümern den Vertrag abgeschlossen, daß an ihren Häusern gegen eine ein für alle Mal entrichtete Abfindungssumme die Vorrichtungen zur Herstellung der Telephonleitung angebracht werden; wie ist das Verhältniß juristisch zu bestimmen: bloß als contractliches oder als jus in re, etwa als servitus praedii urbani?

14. Kann man das Haus nach römischem Recht beliebig hart an die Grenze rücken? 16. Darf man auf dem benachbarten Grundstück das Gerüste aufschlagen? 15. Haftet der Bauherr, wenn das von ihm auf eigenem Boden errichtete Gerüst zusammenbricht und auf das Grundstück des Nachbarn fällt? Kann letzterer sich in dieser Beziehung vorsehen? 17. Ist ein Gerüst eine Pertinenz des Hauses? 18. Existirt an den Baumaterialien, die beim Hausbau im Freien liegen, ein Besitzverhältniß, oder sind sie, da und insofern sie nicht sub custodia sind, besitzlos? 19. In welchem Moment geht Besitz und Eigenthum an den Ziegelsteinen, welche der Fabrikant auf den Bauplatz zu liefern hat, auf den Käufer über, in dem, wo jener sie abgeladen, oder wo dieser Nachricht davon erhalten, oder wo er sie in Augenschein genommen hat? 20. Haftet der Lieferant, der schlechtes Material, z. B. schlechte Balken, geliefert hat, wenn in Folge davon das Haus zusammenstürzt, für den ganzen Schaden, oder hat er bloß den erhaltenen Kaufpreis zurückzugeben, oder, da das Material von dem Käufer durch Annahme gebilligt ist, gar nichts zu leisten?

21. Wenn wir bei unserm Bau die Grenzen unseres Rechts überschreiten, kann der Nachbar mit der Geltendmachung seines

Rechts warten, bis der ganze Bau fertig dasteht, und dann verlangen, daß der Bau auf unsere Kosten entsprechend geändert, z. B. die Mauer um 5 Fuß eingerückt werde? Er beruft sich auf die Fassung der intentio der römischen act. negatoria und confessoria (jus tibi non esse — jus mihi esse), das „jus" müsse thatsächlich realisirt werden. 22. Was hat er zu thun, wenn wir bauen? 23. Haben wir auf seinen Protest hin den Bau bis zur ausgemachten Sache zu sistiren? 24. Wie kann Jemand, der bauen will und sich im Voraus gegen solche unzeitige Störungen zu sichern wünscht, diesen Zweck erreichen? 25. Derselbe erhält von seinem Nachbarn die Erlaubniß, auf dessen Grundstück während des Baues ein Gerüst aufschlagen zu dürfen; ist damit eine Prädialservitut bestellt? 26. Beide treffen die Vereinbarung, daß sie sich dies gegenseitig in allen Bau= und Reparaturfällen verstatten wollen; sind daran auch die Singularsuccessoren derselben gebunden, oder können sie diese Verabredung beliebig widerrufen? 27. Ein Weinhändler kauft von seinem Nachbarn das Recht, seinen Weinkeller unter dessen Gartengrund in gewisser Tiefe zu erweitern; hat er an dem Keller das Eigenthum oder bloß eine Servitut? Würde es der letzteren Annahme nicht entgegenstehen, daß man von dieser Servitut nicht sagen kann: „fundo utilis est?" Ein solcher Weinkeller hat nicht für jeden Besitzer als solchen, sondern nur für einen Weinhändler Interesse, scheint also nach l. 6 pr. de S. P. R. (8. 3) gar nicht als Prädialservitut möglich zu sein. 28. Es hat Jemand einen Bierkeller in einem der Stadt gehörigen Felsen; wie ist das Verhältniß juristisch zu charakterisiren: als Eigenthum, Prädialservitut, bloß obligatorisches Recht, oder läßt sich noch eine andere juristische Form dafür denken? 29. Ein Müller überläßt einem Schwimmlehrer auf 30 Jahre gegen Zahlung von 100 Mark jährlich das Recht, hinter seiner Mühle auf seinem Grund und Boden eine Badeanstalt anzulegen. Wem steht das Eigenthum derselben zu? Ist der Schwimmlehrer in Bezug auf den Rechtsschutz ausschließlich auf die contractliche Klage angewiesen? 30. Wem von beiden fällt das Holz zu, wenn die 30 Jahre abgelaufen sind?

X. Im nachbarlichen Verhältniß.

1. Aus dem oberen Stock des benachbarten Hauses hat das Dienstmädchen zu wiederholten Malen nach beendigtem Mittagessen das Tischtuch in unsern Garten ausgekehrt und vertrocknete Blumenbouquets in unsern Garten geworfen; wir haben es uns bei ihrer Herrschaft bereits mehrmals verbeten, allein ohne Erfolg, letztere hat uns das letzte Mal erwidert: sie habe es dem Dienstmädchen verboten; wenn letzteres nicht folgen wolle, so könne sie selber nichts Weiteres thun. Können wir die Herrschaft belangen? Etwa mit der act. de effusis et dejectis? Oder mit der act. negatoria? Oder nach l. 8 § 5 si serv. vind. (8. 5) i. f. mit dem interd. uti possidetis? Gibt es nicht noch eine andere Klage?

2. Unser Obst fällt von den hinüberhängenden Zweigen in den Garten des Nachbarn; muß letzterer dulden, daß wir es uns holen? 3. Dürfen wir dabei seine Blumenbeete betreten? 4. Wodurch sichert sich der Nachbar gegen solche Ungehörigkeiten? 5. Ist er dadurch, daß das Obst auf seinem Grundstück liegt, Besitzer des Obstes geworden? 6. Ist dasselbe, bis wir unsererseits es einsammeln, herrenlos? 7. Muß der Nachbar dulden, daß unsere Zweige hinüberhängen? 8. Hat er auch zu dulden, daß wir unsere Wassertraufe so weit auswärts biegen, daß das Wasser in seinen Garten fällt? 9. Der Nachbar hat sich einen auf unser Grundstück gefallenen

Meteorstein angeeignet; können wir ihn vindiciren? Lag darin ein furtum? Er hat ihn an das naturhistorische Kabinet für 200 Mark verkauft; können wir den Betrag in Anspruch nehmen?

10. Der Pfahl, auf dem unser Taubenschlag befestigt ist, ist morsch geworden und hat eine Neigung nach des Nachbarn Grundstück genommen; letzterer hat uns darauf aufmerksam gemacht und uns aufgefordert, den alten Pfahl durch einen neuen zu ersetzen, wir unsererseits haben ihm erwidert, daß, so lange unser Taubenschlag nicht in seine Luftsphäre hinüberrage, er sich um nichts zu kümmern habe; ist das wahr?

10. Unsere Tauben sind seit einiger Zeit in den Schlag nicht zurückgekommen; ist Besitz und Eigenthum verloren? 11. Würde dasselbe, was hier anzunehmen, auch von unsern Hühnern, Enten, Gänsen, unserm Vieh, das sich verlaufen hat, unserm Hund gelten? 12. Wir vermuthen, daß die Tauben mit denen unseres Nachbarn in dessen Taubenschlag geflogen sind und hier von letzterem gefangen gehalten werden; ist derselbe nach Grundsätzen der act. ad exhibendum verpflichtet, uns seinen Taubenschlag zu öffnen? 13. Mit welcher Klage können wir, wenn sich unser Verdacht bestätigt, die Tauben zurückfordern? 14. Bedarf es der rei vindicatio, und, wenn dies der Fall, wird zum Beweise des Eigenthums genügen, daß die Tauben in unserem Schlage ausgebrütet sind? 15. Kann der Nachbar sich mit Bezug auf l. 5 § 5 de A. R. D. (41. 1) auf erfolgten Eigenthumsübergang berufen? 16. Wird nicht auch ein possessorisches Interdict zuständig sein? Die condictio furtiva, die act. ad exhibendum?

17. Die Bienen des Nachbarn sind uns sehr unbequem; sein Bienenstand stößt hart an unsere Laube. Können wir darauf bringen, daß er den Stand entferne oder die Mauer

X. Im nachbarlichen Verhältniß.

zwischen seinem und unserem Garten erhöhe oder eine Scheer=
wand anbringe, durch welche die Bienen gezwungen werden,
höher zu fliegen? 18. Dürfen wir nicht nöthigenfalls durch
Rauch, Pulver, Gift u. s. w. uns der Bienen erwehren?
19. Kann der Eigenthümer den Schwarm, der zu schwärmen
begonnen hat, auf ein fremdes Grundstück verfolgen? An=
genommen, daß er es nicht darf, welche Klage steht dem Grund=
eigenthümer wegen unbefugten Betretens seines Grundstückes
zu? Die act. negatoria, das interdictum uti possidetis?
20. Wenn derselbe den Schwarm einfängt, kann sein Gegner
denselben vindiciren, und wie beweist er sein Eigenthum? Der
Bienenschwarm besteht aus einzelnen Bienen, soll er an jeder
einzelnen sein Eigenthum nachweisen?!

21. Kann unser Nachbar bei unserm Protest gegen seinen
Bienenstand sich darauf berufen, daß derselbe schon seit 10
Jahren sich an dieser Stelle befinde? Verwandelt der 10jährige
Besitzstand alle solche Zustände auf seinem Grundstück, durch
welche wir uns in unserm Eigenthumsrecht beeinträchtigt
fühlen, in rechtliche, d. h. in Servituten? 22. Ein Abzugs=
kanal auf seinem Grundstück ist seit länger als 10 Jahren
verstopft, und in Folge davon tritt bei einigermaßen starkem
Regenfall das darin sich aufstauende Wasser auf unser Grund=
stück. Hat er dadurch die entsprechende Servitut ersessen? 23.
Unsere Hühner, Enten, Gänse haben sich auf seinem Hofe bisher
ihr Futter gesucht. Der neue Nachbar verwehrt es uns, indem
er Hof und Teich absperrt; haben wir gegen ihn ein quasi=
possessorisches oder petitorisches Rechtsmittel? 24. Würde ganz
dasselbe in dem Fall gelten, wenn wir während derselben Zeit
unsere Kühe auf des Nachbarn Weide, unsere Pferde in des
Nachbarn Schwemme getrieben hätten?

25. Die Katze unseres Nachbarn, die uns schon oft un=

bequem geworden, hat sich im Kohlenbehälter unseres Kellers gefangen, indem die offenstehende Thür durch den Wind zugeworfen wurde. Wir lassen sie dort absichtlich verhungern. Können wir der Klage des Nachbarn entgegensetzen: wir hätten sie nicht eingesperrt, sie habe sich selber gefangen, und wir hätten keine Verpflichtung, fremden Katzen die Thüren zu öffnen? 25 a. Es hat Jemand die Katze seines Nachbarn, die in seinem Garten den Singvögeln und dem Geflügel nachstellte, getödtet. War er berechtigt dazu? Die Frage ist kürzlich vom Reichsgericht entschieden worden. Dieselbe Frage erhebt sich hinsichtlich fremder Hunde, welche sich ein Loch durch unsere Hecke gemacht haben und unsere Blumenbeete verwüsten.

26. Der Nachbar, dessen Garten unmittelbar an unsere mit keinen Seitenfenstern versehene Hausmauer stößt, bringt an der letzteren Spaliere an, um daran Weinstöcke zu ziehen. Darf er es? Er behauptet, das Verbot unsererseits beruhe auf bloßer Chikane, die bekanntlich in nachbarlichen Verhältnissen nicht zu dulden sei. 26 a. Dürfen wir ihm, wenn er in der Seitenwand Fenster hat, durch Ziehen einer hohen Mauer die Aussicht in unsern Garten entziehen? 26 b. Ein neu angenommener Knecht, dem sein Herr den Auftrag gegeben hat, einige Fuder Mist auf seinem im Felde belegenen Acker, der demselben angeblich wohl bekannt ist, abzuladen und unterzugraben, thut dies aus Versehen auf dem Acker eines Andern; kann letzterer auf Ersatz des Werthes des Mistes in Anspruch genommen werden? 27. In einer kleinen hannoverschen Stadt ereignete sich folgender Fall. Ein dortiger Gastwirth hatte einen Theil des benachbarten Grundstückes, das an seinen Speisesaal stieß, und auf dem sich eine Mistpfütze befand, zu erstehen gesucht, die unverhältnißmäßig hohe Forderung des Eigenthümers hatte ihn jedoch davon abgehalten. Letzterer, um ihn zu nöthigen, den geforderten Preis zu

bewilligen, ließ durch seinen Knecht täglich um die Mittagszeit, wenn die Gäste im Speisesaal versammelt waren, mit einer langen Stange in der Mistpfütze rühren. Der Gastwirth klagt auf Untersagung, der Beklagte setzt dem entgegen: die Mistpfütze bestehe zu Recht, und wie er dieselbe benutzen wolle, sei seine Sache. Wie ist zu erkennen, und welcher Klage hatte sich der Kläger zu bedienen? Der act. doli, injuriarum, negatoria, operis novi nuntiatio? Kann er Ersatz verlangen, wenn seine bisherigen Kunden in Folge jener Machination des Beklagten den Mittagstisch bei ihm aufgeben?

XI. Auf der Straße.

1. Ein Vorübergehender ist aus einem Hause mit Wasser begossen worden. Kann er den Thäter, wenn er ihn erkannt hat, lediglich mit einer Schadensersatzklage (wegen Beschädigung seines Hutes und seiner Kleider) oder noch mit einer andern Klage in Anspruch nehmen? 2. Macht es in beiden Hinsichten einen Unterschied, ob der Thäter den Vorübergehenden gekannt hat oder nicht, ob er einen Andern hat treffen wollen und aus Versehen ihn getroffen oder den Einen mit dem Andern verwechselt oder gar nicht einmal bemerkt hat, daß Jemand vorüberging? 3. Kann der Hauswirth belangt werden und mit welcher Klage? Haftet derselbe auch, wenn von seinem Dach Dachziegeln, aus seinem Fenster, von seinem Balkon Blumenstöcke u. s. w. auf einen Vorübergehenden herabgefallen sind, und wofür? Bei einem Sturm ist die ganze Brüstung des Balkons auf die Straße gefallen und hat ein Pferd schwer beschädigt, der Eigenthümer verweigert den Schadensersatz, da der Anspruch darauf durch vorherige Nachsuchung der cautio damni infecti bedingt sei.

5. Unser Hund wird von einem andern angefallen und totgebissen; haftet der Eigenthümer desselben? 6. Haftet er auch, wenn der Hund im Fleischscharn oder am Metzgerladen ein dort aushängendes Stück Fleisch erhascht? 7. Darf man sich in solchen Fällen des Hundes bemächtigen und ihn bis zum geleisteten Schadensersatz retiniren? 8. Können auch die Töpfer, deren auf dem Markt aufgestellte Waaren durch in Streit gerathene Hunde zertrümmert worden sind, Schadensersatz verlangen?

9. Haftet der Kutscher, dessen Pferde scheu geworden sind, für den durch sein Fuhrwerk angestifteten Schaden? 10. Hat er auch die kostbaren Spiegelscheiben des Ladens, welche in Folge davon zertrümmert sind, zum ganzen Betrage zu entrichten, oder kann er sich dieser Anforderung nicht mit Bezugnahme auf l. 13 § 1 de S. P. U. (8. 2) und l. 40 pr. de damn. inf. (39. 2) entziehen? 10 a. Welche Klage ist hier die zuständige? Dem Verfasser ward auf diese Frage in der Vorlesung einmal die Antwort ertheilt: die actio negatoria, weil es sich hier um einen „partiellen Eingriff in das Eigenthum" handle. 11. Es ist in neuerer Zeit mehrmals vorgekommen, daß wilde Thiere beim Transport einer Menagerie entsprungen sind; hat Jeder das Recht, sie todt zu schießen, auch wenn er selber nicht durch sie bedroht wird, z. B. im Fenster liegt und sie auf der Straße sieht, oder hat der Eigenthümer in diesem Fall die act. leg. Aquiliae? Würde l. 2 § 2 ad. l. Aq. (9. 2) im Wege stehen? 12. Der Tiger ist, nachdem er ein Pferd getödtet, von A, B, C überwältigt worden; kann der Eigenthümer des Pferdes von A, B, C die noxae datio oder von dem Menageriebesitzer Schadensersatz verlangen? Kann letzterer ihn von jenen vindiciren?

13. Durch einen vom Dache fallenden Ziegel ist ein Vor-

übergehender so schwer beschädigt worden, daß man sich genöthigt gesehen hat, ihn ins nächste Haus zu schaffen und schleunigst einen Arzt zu rufen. An wen hat letzterer sich seines Honorars wegen zu halten, an denjenigen, der ihn herbeigerufen hat, oder an den Verwundeten? 14. Läßt sich nicht annehmen, daß der Arzt seine Hülfe aus allgemeiner Menschenliebe geleistet, also gar keine Honorarforderung habe? 15. Kann der Verletzte selber ihm nicht entgegensetzen, daß er seinerseits ihn nicht aufgefordert habe, und daß er sich an denjenigen halten möge, der ihn gerufen habe? Muß eine stillschweigende Einwilligung desselben zu Hülfe genommen werden, um dessen Haftung zu deduciren? 16. Angenommen, es war kein angestellter Arzt, sondern ein noch die Universität besuchender älterer Student der Medicin, kann auch er ein Honorar fordern?

17. Wenn, wie in manchen großen Städten (z. B. in Wien bei den sog. Durchhäusern, in Leipzig u. a.) die öffentliche Passage [durch Privathäuser und Höfe führt, wie ist das Verhältniß derselben nach römischem Recht aufzufassen, und welches Rechtsmittel würde demselben zufolge Platz greifen, wenn der Eigenthümer den Durchgang absperrt? 18. Würde neben diesem Rechtsmittel nicht in dem Fall, wenn derselbe einem persönlichen Gegner verböte, über seinen Hof zu gehen, und ihn entgegengesetzten Falls mit Thätlichkeiten bedrohte, auch ein anderes Rechtsmittel zuständig sein?

19. Wir geben einem Bettler ein Almosen, vergreifen uns aber in der Münze und geben statt einer Silber= oder Kupfermünze eine Goldmünze; ist Eigenthum übergegangen, und welche Klage wäre die zuständige? 20. Der Bettler hat einen körperlichen Fehler, z. B. Mangel eines Armes oder Beines simulirt; läßt sich daraufhin die Gabe zurückfordern, und wie ist jene Handlungsweise juristisch zu charakterisiren? 21. Er hat sich auf

unser Befragen für einen Andern ausgegeben, als er ist; liegt hier bloß ein Irrthum im Motiv vor? 22. Oder seine Armuth selber war simulirt, er war ein vermögender Mann, der den Bettler spielte; läßt sich daraufhin die Schenkung rückgängig machen, etwa wegen Mangels der Voraussetzungen mit der condictio ob causam datorum oder wegen grundloser Bereicherung mit der condictio sine causa?

23. Wir fragen auf der Straße Jemanden nach dem Wege. Eine unrichtige Angabe von seiner Seite kann uns große Ungelegenheiten bereiten; haftet er, wenn er unwissentlich, aber culpos, oder wenn er dolos eine unrichtige Angabe gemacht hat? 24. Wir erkundigen uns bei Jemandem nach dem Laden eines uns empfohlenen soliden Kaufmanns, und er weist uns wissentlich zu einem andern desselben Namens, der ein anerkannter Schwindler ist und uns bei unsern Einkäufen gröblich übervortheilt. Haben wir gegen jenen eine Klage auf Schadenersatz? Angenommen, er hätte uns dadurch dazu bestimmt, von letzterem zu kaufen, daß er das uns empfohlene Geschäft wider besseres Wissen als ein höchst unsolides schilderte, würde der Inhaber desselben gegen ihn eine Klage haben? 25. Es ist bekanntlich ein großer Uebelstand für manche Hausbesitzer, daß die Winkel an ihren Häusern von Vorübergehenden verunreinigt werden; gibt es dagegen ein civilrechtliches Mittel? Etwa die act. negatoria, die act. legis Aquiliae, das interdictum quod vi aut clam? 26. Könnte der Hauseigenthümer sich nicht durch öffentlichen Anschlag an der gefährdeten Stelle schützen, indem er dem Uebertreter eine mäßige Conventionalstrafe drohte? Die verbindende Kraft dieser Androhung ließe sich folgendermaßen deduciren: wer den Anschlag liest und gleichwohl die ihm untersagte Handlung begeht, willigt stillschweigend in die Strafe ein. 27. Im Unmuth darüber, daß er dem Unfug nicht steuern kann, hat er Einem, den er auf flagranter

That ertappte, sein Waschwasser auf den Kopf gegossen. Letzterer verklagt ihn, und er setzt ihm die Einrede der erlaubten Vertheidigung seines Eigenthums durch Eigenmacht entgegen; ist dieselbe begründet? 28. Wird es auf die Beurtheilung des Falls von Einfluß sein, wenn er den Betreffenden vorher gewarnt und seine Warnung erst, als sie wirkungslos blieb, ausgeführt hat? 29. In manchen Städten Deutschlands findet der Eingang zu größeren Kellern von außen mittelst einer nach der Straße hin zu öffnenden Thür Statt. Für das Publikum, welches auf dem Trottoir geht, kann dies bei der Dunkelheit, wenn gewisse Vorsichtsmaßregeln, die dabei möglich und üblich sind, verabsäumt werden, mit Gefahren verbunden sein. Welche Klage würde hier im Fall einer Verletzung Platz greifen? Worauf würde sie gehen? Bloß auf Ersatz der Kurkosten? Oder auch auf Ersatz der Versäumniß und Schadloshaltung für die Schmerzen? 28. Ist das Verhältniß ein anderes, wenn Jemand, der einen Bekannten aufsuchen will, in der Dunkelheit in den innerhalb des Hauses befindlichen Keller, dessen Thür unvorsichtiger Weise nicht geschlossen war, gestürzt ist? Einer unserer namhaftesten, inzwischen verstorbenen Juristen theilte dem Verfasser einen derartigen Fall mit, wo ein Polizeidiener, der eine Ladung zu überbringen hatte, auf diese Weise Schaden genommen hatte, und es war demselben sehr zweifelhaft, ob hier eine Anklage wegen damnum injuria datum zu geben sei. Was läßt sich dafür und dagegen geltend machen?

31. Der Advokat des Beschädigten hat geglaubt, eventuell auf einen analogen Fall in der l. 7 § 8 quod vi (43. 24) Bezug nehmen zu können: Si fossam feceris in silva publica et bos meus in eam inciderit, agere possum hoc interdicto; liegen die Voraussetzungen zu einer analogen Anwendung (bos und Polizeidiener, silva publica und Keller) hier vor?

32. Wir haben unsere Fensterläden, die Hausthür, das Ladenschild, Geländer, Stacket u. s. w. anstreichen lassen, ohne das Publikum in der ortsüblichen Weise darauf aufmerksam zu machen, daß es sich vorsehen solle. Haften wir, wenn ein Vorübergehender die frisch angestrichenen Gegenstände streift und dadurch beschädigt wird? Wie, wenn wir jene Vorsichtsmaßregeln unterlassen hätten? Können wir dem Beschädigten nicht einwenden: wir hatten das Recht, unsere Sachen anstreichen zu lassen, nicht aber er das Recht, sie zu berühren, seine Beschädigung sei Folge seiner eigenen illegalen Handlung?

32 a. Es findet Jemand auf der Straße eine Cigarrentasche und gibt sie auf dessen Bitten einem Andern. Durfte er es? War er nicht, nachdem er einmal durch Aufheben derselben eine negotiorum gestio für den Verlierer vornahm, verpflichtet, sie zu behalten? 32 b. Angenommen, er habe sie selber behalten, war er verpflichtet, eine Anzeige in öffentlichen Blättern zu erlassen? Wodurch kann er sich, wenn er dies unterläßt, gegen die Unterstellung der Unterschlagungsabsicht (Fundbiebstahl) sicher stellen? 32 c. Darf man eine einmal aufgehobene verlorene Sache wieder wegwerfen, weil man sich mit ihr nicht weiter beschweren will? 32 d. Wird man Eigenthümer einer vermeintlich verlorenen Sache, wenn sie in Wirklichkeit nicht verloren, sondern weggeworfen war? An dem auf Eigenthumserwerb gerichteten Willen fehlt es hier, und selbst die Usucapion würde wegen mala fides ausgeschlossen sein.

XII. In der Noth.

Eine Geldverlegenheit ist für einen Studierenden der Rechte eine ganz lehrreiche Veranlassung, sich praktisch mit gewissen Rechtsbegriffen und Rechtssätzen bekannt zu machen. Der erste

XII. In der Noth.

Retter in der Noth, an den er sich wendet, ist der gute Freund, eine üble Eigenschaft desselben ist aber die, daß er häufig selber kein Geld hat; hat er es und gibt er es, so kann die Frage sich aufwerfen: 1. Ist das Darlehn zurückzuerstatten, wenn wir als Haussohn uns auf das SC. Macedonianum, er als Minderjähriger aber sich auf die restitutio in integrum berufen kann? 2. Würden wir die Berufung auf das SC Macedonianum verlieren, wenn wir, ohne es zu wissen, in dem Moment der Aufnahme des Darlehns gar nicht mehr Haussohn waren, weil unser Vater in der Fremde bereits gestorben war? Unser Wille war gar nicht darauf gerichtet, uns wirksam d. h. als Hausvater, sondern darauf, uns unwirksam d. h. als Haussohn zu verpflichten, es fehlt hier mithin am animus obligandi. 3. Hat der Freund kein Geld, so öffnet sich uns das Leihhaus. Winterüberzieher können ohne Nachtheil die Sommermonate auf dem Leihhause zubringen, Sommerkleider die Wintermonate. Haftet das Leihhaus, wenn unsere Röcke gestohlen werden, oder wenn in unsern Pelzrock die Motten kommen? 4. Ist das Verhältniß, welches durch Versetzen beim Leihhaus entsteht, ganz dasselbe, wie beim römischen pignus? Ist der Pfandschuldner hier persönlich verpflichtet, so daß er, wenn der Erlös des Pfandstückes die Schuld nicht deckt, oder wenn dasselbe durch Zufall zu Grunde geht, auf Zahlung der Schuld in Anspruch genommen werden kann? Oder wenn dies nicht der Fall, fehlt es hier nicht vielleicht an dem Erforderniß einer Forderung für das Pfand, und ist daher vielleicht das Verhältniß überall nicht nach den Regeln des römischen Pfandrechts zu beurtheilen? 5. Wenn wir den erhaltenen Pfandschein, welcher, da er auf den Inhaber lautet, dem Ueberbringer das Recht der Einlösung gewährt, einem Andern unentgeltlich überlassen, weil uns selber das Geld zur Einlösung fehlt, ist dies eine schenkungs=

weise Cession? 6. Welches Verhältniß entsteht, wenn wir den Leihhausschein weiter verpfänden, ein pignus nominis oder subpignus? 7. Als wir im Winter unsern Ueberzieher einlösen wollen, zeigt es sich, daß der Leihhausdiener in Ermangelung eines eigenen den unsrigen in Gebrauch genommen hat. Wie ist diese Handlung desselben zu charakterisiren? Haben wir nöthig, den Rock zurückzunehmen, oder muß das Leihhaus uns den Werth des unsrigen vergüten? 8. Haftet es uns, wenn wir den Pfandschein verloren haben, und der unredliche Finder desselben unsere Sache einlöst?

9. Der letzte Retter in der Noth ist der Wucherer. Seine Dienste werden bekanntlich theuer bezahlt. Nominell nimmt er nur 5 Procent Zinsen, aber er bringt es wieder ein, indem er uns über 100 Mark quittiren läßt und uns nur 80 auszahlt. Welche Wirkung hat eine solche Manipulation? Ist der Wucherer verpflichtet, uns die fehlenden 20 nachzuzahlen? Können wir ihm bei Rückzahlung des Kapitals die zu wenig erhaltenen 20 Mark in Abzug bringen? Bedarf es dazu unsererseits einer exc. doli? 10. Wie verhält es sich mit dem Beweise unserer Behauptung, daß wir nur 80 Mark erhalten hätten? Hat der auf 100 Mark gestellte Schein nach römischem Recht Beweiskraft? 10 a. Wie verhält es sich mit der Beweiskraft des Darlehnscheines nach unserem heutigen Processrecht? Galt dasselbe, was vom Darlehnschein, nach römischem Recht auch vom depositum irregulare? Wenn nicht, welcher Ausweg war damit dem Wucherer eröffnet, um den Bestimmungen des römischen Rechts über die Beweiskraft des Darlehnscheines zu entgehen? 11. Unser Gläubiger hat in den Schein noch die Klausel der Verpflichtung „auf Ehrenwort" aufgenommen; hat diese Klausel eine juristische Bedeutung? 12. Auf sein Verlangen haben wir ihm zwei Freunde als Bürgen gestellt; kann er dieselben sofort am Verfalltage in Anspruch neh-

XII. In der Noth.

men? Jeden auf das Ganze oder nur auf seinen Theil? 13. Wenn dieselben gezahlt haben, mit welcher Klage nehmen sie gegen uns ihren Regreß? 14. Der A ist von dem B ersucht, sich für ihn für ein Darlehn von 100 bei dem C zu verbürgen, in Wirklichkeit ist aber ein Darlehn von 300 gegeben, und A verbürgt sich bei dem C, ohne dabei der Summe zu gedenken; haftet er für 100 oder 300? Relevirt es etwas, ob C in bona oder gleich dem B in mala fide war? 15. Ist der Irrthum des Bürgen über die Person des Gläubigers von Einfluß? Oder der über die Person des Schuldners? Der Bürge verwechselt von den zwei Söhnen eines verstorbenen Freundes den einen, von dem er allein etwas gehört und nur das Beste gehört hatte, mit dem andern, einem völlig leichtsinnigen, insolventen Menschen, von dessen Dasein er bisher gar keine Kunde hatte, und verbürgt sich für letzteren; kann der Gläubiger ihn belangen?

16. Da unser Vater noch lebt und der Wucherer fürchtet, daß wir aus diesem Grunde die verbindende Kraft des Darlehns bestreiten möchten, so hat er uns vorgeschlagen, irgend eine Sache von ihm für 150 Mark zu kaufen, und sich erboten, dieselbe für 100 Mark baar zurückzukaufen; wie ist dies Geschäft rechtlich anzusehen? 17. Wie dann, wenn er nicht selber die Sache von uns zurückkauft, sondern es uns überläßt, sie anderweitig zu versilbern und uns dadurch Geld zu verschaffen? Ist das Darlehn gültig bis zum Betrag des Ansatzes von 150 oder des wahren Werthes von 100? Wie ist das Verhältniß zu beurtheilen, wenn verabredet war, als Darlehnssumme solle gelten, was wir durch den Verkauf erlösen würden? Wie, wenn die Sache vorher durch casus unterging, wer trägt die Gefahr? 18. In der Geldverlegenheit verschleudern wir diese oder unsere eigenen Sachen zu einem Spottpreise und zwar an

Jemanden, der unsere Lage kennt; läßt sich der Vertrag anfechten? Etwa wegen dolus? oder wegen laesio enormis? Lassen sich l. 24 § 4 de minor. (4. 4), l. 22 § 1 Sol. matr. (24. 3), l. 12 § 11 Mand. (17. 1) für die Frage verwenden?

19. Gewährt uns unsere Minderjährigkeit als solche, sei es, daß wir unter väterlicher Gewalt und unter Vermundschaft stehen, in den obigen Fällen eine Hülfe? Können die Bürgen sich auf die dem minor zustehende restitutio in integrum berufen?

20. Glücklicherweise braucht der Studierende auf unseren kleinen deutschen Universitäten nicht alles gleich baar zu bezahlen, Hauswirthe, Gastwirthe, Handwerker u. s. w. sind so menschenfreundlich, Credit zu geben. Der maßlosen Bethätigung dieser Eigenschaften von ihrer Seite suchen an manchen Universitäten die „Creditedicte" entgegenzuwirken, welche ihnen nur bis zu einem gewissen Betrage eine Klage einräumen, für den Ueberschuß aber ihre Forderungen cassiren; wenn ihr Schuldner letzteren gleichwohl entrichtet, ist die Zahlung gültig? 21. Kann er, so lange er Studierender ist, die Schuld durch constitutum oder Pfandbestellung bekräftigen? 26. Gilt in dieser Beziehung etwas anderes, nachdem er aufgehört hat, Student zu sein? 23. Kann die Schuld nicht schon vorher durch Novation, bei der von der früheren causa völlig abstrahirt wird, klagbar werden? 24. Durch einen Schein, dessen Ausstellung in eine Zeit fällt, nachdem der Schuldner die Universität bereits verlassen hatte, ist der Betrag sämmtlicher einzelner Posten auf eine bestimmte Summe festgestellt und vom Schuldner zunächst die Verzinsung derselben und sodann, nachdem er „eine Anstellung erhalten habe", Zahlung zugesichert. Wie ist das Schuldverhältniß aufzufassen? Als Darlehn? Als Literalcontract? Als constitutum? 25. Muß der Gläubiger bei der Klage sämmtliche einzelne Posten beweisen,

XII. In der Noth.

ober kann er seinen Beweis lediglich auf die Ausstellung des Scheines richten? 26. Ist die obige Bedingung eingetreten, wenn der Schuldner eine Anstellung als Hülfslehrer ohne Gehalt oder als unbesoldeter Referendar erhalten hat? 27. Der Schuldner hat durch Erbschaft oder Heirath ein sehr bedeutendes Vermögen bekommen, welches ihn bestimmt, von jeder Anstellung abzusehen. Kann der Gläubiger sein Geld fordern? Etwa wegen des Satzes: quotiens per eum fit, cujus interest conditionem non impleri, quominus impleatur, perinde haberi, ac si impleta conditio fuisset? Oder eines andern Grundes wegen?

28. Unverheirathete vermögende alte Tanten und Oheime gewähren in Geldnöthen oft einen sehr werthvollen Rückhalt. Wenn sie sich geneigt finden lassen, zu helfen, wie ist die Handlung juristisch zu beurtheilen? Haben sie das Geld, welches sie schicken, geliehen oder geschenkt? Haben sie, wenn sie unsere Schulden bezahlt haben, ein Rückforderungsrecht? Können sie uns den Betrag im Testament anrechnen? 29. Eine reiche Tante, der der Neffe zu Weihnachten ein Buch gewidmet hatte, beschloß sich zum nächsten Weihnachten in der Weise erkenntlich zu erweisen, daß sie die Schulden desselben hinter seinem Rücken bezahlte und die sämmtlichen quittirten Rechnungen in ein Buch mit dem Titel: „Amaliens Werke oder Tante und Neffe, erster Theil" binden ließ, welches sie dem Neffen am Weihnachtsabend zu überreichen gedachte. Er starb vorher. Kann sie, wenn auch nicht den Gläubigern gegenüber (warum nicht?) die Zahlungen, doch den Erben des Neffen gegenüber den Erfolg der ihrer Absicht nach noch nicht perficirten Schenkung anfechten? Enthält das Wissen des Beschenkten (der psychologische Erfolg der Schenkung im Gegensatz zu dem bloß ökonomischen oder finanziellen: der Bereicherung des fremden Vermögens) ein wesent-

liches Moment der Schenkung? Läßt sich der Behandlnug des Legats oder des Erbrechts im römischen Recht (Uebergang oder Nichtübergang des Zugedachten auf die Erben des Bedachten bei dessen Tode vor erfahrenem Anfall) ein Argument entnehmen?

30. Die Berliner Gerichtszeitung enthielt folgenden Fall: Ein Student, der seine Ferien zu einer Reise benutzen wollte, entschloß sich, den Baarbestand seines Vermögens, der bei einem Bankier deponirt war, hierzu zu verwenden. Er schrieb an denselben, er möge ihm sein Guthaben, und zwar in französischem Gelde, senden, da er Italien zu durchstreifen gedenke. Freudig überrascht war der junge Manu, als bei ihm 208 Stück 20=Francsstücke eintrafen; er glaubte aber, daß hier ein Irrthum vorliegen könne, und schrieb nochmals an den Bankier, von dem er die Antwort erhielt, daß Alles in Ordnung sei, sein Guthaben habe 208 Napoleons betragen. Der fröhliche Student dehnte nun seine Reise auf Egypten, Palästina und Griechenland aus und kam erst heim, als das Reisegeld zur Neige ging. Inzwischen hatte der Bankier aber doch einen Rechenfehler entdeckt; dem Studenten hatten nur 75 Napoleons zugestanden, und verlangte er deshalb die Rückzahlung von 133 20=Francsstücken, wozu sich jedoch der Student nicht verstehen wollte. Wie ist der Fall zu entscheiden?

XIII. Aus dem geselligen Leben.

1. Der von uns auf 8 Uhr Abends bestellte Wagen, der uns zum Ball fahren soll, erscheint eine Viertelstunde später, nachdem wir bereits unsere Wohnung verlassen haben; haben wir nöthig, ihn zu bezahlen? Kann der Kutscher sich darauf berufen, daß er, um in Mora versetzt zu werden, erst hätte gemahnt werden müssen?

2. Wir befinden uns zu jener Zeit noch zu Hause oder

XIII. Aus dem geselligen Leben.

haben bereits zu Fuß unsern Weg angetreten, als er uns unterwegs begegnet; sind wir genöthigt, uns noch des Wagens zu bedienen? Ist es im ersteren Fall von Einfluß, ob wir inzwischen bereits ein anderes Fuhrwerk bestellt haben, oder können wir auch ohne diese Voraussetzung den Wagen einfach darum zurückweisen, weil er nicht zur bestellten Zeit erschienen sei?

3. Die längere Verspätung des Wagens kann zur Folge haben, daß den Balldamen, welche sich seiner bedienen wollten, das ganze Vergnügen, welches sie sich vom Ball versprochen hatten, vereitelt wird. Sie waren zu den ersten Tänzen bereits vorher engagirt und erscheinen auf dem Ball erst, nachdem diese Tänze getanzt sind, und alle ihnen bekannten Herren bereits ihre Engagements getroffen haben. Welche Entschädigung können sie dafür beanspruchen?

4. Sie beschließen, da sie dies voraussehen, vom Besuch des Balles gänzlich abzustehen, und verlangen von dem Kutscher Ersatz der Unkosten, die der Ball ihnen gemacht hat, nämlich des Entrées, der Auslagen für den Friseur, Ballkleider, Handschuhe, Blumenbouquets. Der Kutscher entschuldigt sich damit, daß andere Ballgäste ihn ungebührlich lange hätten warten lassen.

5. Auf dem Ball wird einer Tänzerin von einem wild dahintanzenden Herrn ihr Ballkleid abgetreten; kann sie Ersatz verlangen? Der Herr wendet ein: wer auf dem Ball erscheine, müsse auf solche Unfälle gefaßt sein; einen Ball dürfe man nicht unter den Gesichtspunkt der culpa bringen, sonst höre alles Vergnügen beim Tanzen auf. Zu Bällen habe die Jurisprudenz keinen Zutritt; sonst könnte man am Ende noch gewärtigen, wenn man mit einem andern Paar zusammengestoßen sei oder dasselbe umgetanzt habe, mit einer act. injuriarum belangt zu werden. Es sei eine stillschweigende Uebereinkunft aller, welche einen Ball besuchten, daß alles, was dort geschehe, nicht unter dem juristi-

schen Gesichtspunkte betrachtet werden solle, und man könne auf jeden, der den Ball besuche, und dem derartige Unannehmlichkeiten zustießen, den Satz der l. 72 pro socio (17. 2): qui parum diligentem socium acquirit, de se queri debet anwenden, — auf schlechte Tänzer müsse sich jeder gefaßt machen.

6. Kann man die Bewirthung bei einer Gesellschaft unter den Gesichtspunkt einer Schenkung bringen? Wenn der Gastgeber dieselben Speisen und Getränke, die er hier seinen Freunden vorsetzt, den Armen zuwenden würde, so wäre es zweifellos eine Schenkung (Almosen); ist es anders, wenn statt letzterer erstere sie erhalten?

7. Zur Vergleichung kann folgender Fall dienen. Es hat Jemand bisher einer armen Wittwe auf deren Bitte verstattet, das Gras auf den Rasenplätzen seines Gartens als Futter für ihre Ziege zu schneiden. Nach deren Tode findet sich Niemand, der sich darum bewirbt, da der Grasertrag des Jahres ein sehr unbedeutender ist, und der Eigenthümer sieht sich genöthigt, Jemanden zu suchen, der gegen Ueberlassung des Grases das Abschneiden übernehmen will. Liegt in beiden Fällen eine Schenkung vor, wenn man hier sonst von einer Schenkung und nicht vielmehr von der vorübergehenden prekären Ueberlassung der Benutzung der Rasenplätze sprechen darf? 8. Eine gute Mutter gedenkt ihrer Kinder auch bei fremder Tafel, indem sie für dieselben Confect einsteckt; wie ist die Handlung juristisch zu beurtheilen? 9. Darf der Gast die ihm offerirten Cigarren, statt zu rauchen, beistecken? Die Flasche Wein, statt sie zu trinken, mitnehmen?

10. Es hat Jemand einen Andern eingeladen, die Ferien bei ihm auf seinem Landgut zuzubringen, nimmt aber später ohne alle Gründe die Einladung zurück; kann letzterer Schadensersatz verlangen? Er entzieht ihm die ihm zur unentgeltlichen Be-

nutzung offerirte und von ihm bereits bezogene Sommerwohnung nach kurzem Gebrauch und vermiethet dieselbe einem Andern; kann jener den Miethzins begehren? 11. Wir logiren bei einem Freunde; kommen wir mit dem Bedienten desselben, welcher unsere Kleider reinigt und unsere Briefe, Aufträge besorgt, in ein Rechtsverhältniß? Haftet der Freund für unsere durch dessen Nachlässigkeit gestohlenen oder verdorbenen Kleider? 12. Jemand, der eine Kindergesellschaft in einer Gartenwirthschaft gibt, macht mit dem Wirth aus, daß die Kinder für 3 Mark sich in Stachelbeeren sollen satt essen dürfen; wie ist der Contract zu bezeichnen? Dürfen die Kinder nicht anstatt, wie ausbedungen, sich „satt zu essen", einen Theil dessen, was dazu erforderlich wäre, in einen Korb pflücken und mit nach Haus nehmen?

13. Es hat Jemand die Verpflegung eines Stumpfsinnigen gegen einen bestimmten Preis übernommen, bei der inzwischen erfolgten allgemeinen Preissteigerung kann er jedoch den Contract nicht mehr innehalten und hat auf gütlichem Wege eine Auflösung des Contracts von der anderen Seite zu erreichen gesucht, jedoch ohne Erfolg. Er hat seitdem den Alimentanden in Kost und Pflege so schlecht gehalten und ihn mehrfach so mißhandelt, daß die Verwandten, welche den Contract mit ihm abgeschlossen haben, sich zur Klage genöthigt sehen. Worauf sollen sie klagen? Auf angemessene Ausführung des Alimentationsvertrages? Damit ist nichts auszurichten. Ihr Wunsch ist, daß der Alimentand auf Kosten des bisherigen Pflichtigen bei einem andern verpflegt werde; wird der Richter einem darauf gerichteten Antrag Folge geben?

14. Zu einem veranstalteten Diner hat Jemand eine Kochfrau bestellt, dieselbe bleibt aus nichtigen Gründen aus, und da eine andere nicht zu haben ist, so kann das Diner nicht stattfinden. Kann er von der Kochfrau nicht die Eßwaaren, die er

für das Diner angeschafft hat, und für die er nach seinen Verhältnissen gar keine Verwendung hat (es war z. B. ein Abschiedsdiner am Tage vor seiner Abreise vom Ort) ersetzt verlangen? 15. Ist das Versprechen der Ueberlassung des Silberzeugs, das er von einer befreundeten Familie erhalten hat, bindend? 15 a. Zu einem Diner hat Jemand Fisch bestellt gegen Zusicherung einer Conventionalpön von 30 Mark. Kann dieselbe gefordert werden, wenn dasselbe gar nicht Statt findet, oder wenn wegen starken Schneefalls der Eisenbahnzug, mit dem sie befördert wurden, nicht rechtzeitig eintrifft? Der Kaufmann beruft sich in Bezug auf den ersten Fall auf Mangel des Interesses, in Bezug auf den letzteren auf die befreiende Wirkung des casus. Kann er den Preis für die verspätet offerirten Fische verlangen? Er stützt sich darauf, daß das periculum beim Kauf den Käufer treffe, eine durch casus bewirkte Verzögerung keine mora seinerseits begründe.

16. Es hat Jemand für eine Gesellschaft die er zu geben gedenkt, eine Quantität Wein beim Weinhändler bestellt, und zwar unter der Verabredung, daß er die nicht gebrauchten Flaschen zurücksenden dürfe. Wie ist dieser Contract zu beurtheilen? Ist es ein Kauf mit hinzugefügtem pactum de retroemendo? Oder gelten als gekauft nur diejenigen Flaschen, die er gebraucht hat? Wie nun, wenn durch casus ein Theil derselben zu Grunde geht? Wen trifft nach der einen und der anderen Auffassung das periculum? Kann er seine Haftung damit ablehnen, daß er verabredetermaßen nur diejenigen zu bezahlen habe, die er „gebraucht" habe? 17. Aehnlichkeit damit hat der Fall, der nicht selten in Schnittwaarengeschäften vorkommt: der Kaufmann schickt einer Kundin, die sich im Hause ihre Kleider anfertigen läßt, ein Stück von dem Kleiderstoffe oder Futter, die sie wünscht,

XIII. Aus dem geselligen Leben.

damit sie sich davon den nöthigen Bedarf abschneide. Worin liegt der Unterschied? Haftet die Bestellerin für den casus?

18. Unter den Flaschen, die der Kunde zurücksendet, befinden sich auch solche, die der Lohndiener, der bei Tische aufwartete, ohne seinen Auftrag entkorkt hat, während sie im übrigen gar nicht benutzt sind; der Weinhändler will sie nicht zurücknehmen, während der Besteller sich auch hier wiederum darauf steift, daß sie nicht „gebraucht" seien. Kann er sie eventuell nicht dem Lohndiener zur Disposition stellen? Mit welcher Klage würde er einen Dritten, der sie (z. B. um ihm einen Possen zu spielen, oder aus Neugierde) entkorkt hätte, belangen können? Die act. legis Aquiliae setzt eine Beschädigung der Sache voraus, und eine solche wird hier doch nicht angenommen werden können, da das bloße Herausziehen des Korks den Wein nicht schlechter macht.

19. Die Zurücksendung der nicht gebrauchten Flaschen ist durch Versehen seiner Leute längere Zeit unterblieben, und der Weinhändler weigert sich, die Flaschen jetzt noch zurückzunehmen. Ist er in seinem Recht? Ein Termin zur Rücksendung war bei der Bestellung nicht verabredet.

20. Die Flaschen werden am folgenden Tage zurückgeschickt, aber dadurch, daß sie zur Abkühlung in Eis oder zur Erwärmung in warmes Wasser gestellt sind, sind die Etiketten abgegangen und verloren gegangen. Der Weinhändler weigert sich, sie anzunehmen, weil er keine Gewißheit habe, ob es dieselben Flaschen seien, die er geschickt habe. Der Besteller meint, diese Gewißheit habe er überhaupt nicht haben können, denn er, der Besteller, habe ja die Etiketten ablösen und auf andere Flaschen kleben können, es ginge hierbei alles auf Treu und Glauben. 21. Auch die Erwärmung und Abkühlung will der Weinhändler nicht dulden, der Wein könne darunter leiden, z. B. ein feiner Bordeaux,

wenn er rasch gewärmt werde; auch liege darin ein „gebrauchen", und schon aus diesem Grunde brauche er den Wein nicht zurückzunehmen, selbst wenn derselbe im Geringsten nicht gelitten habe.

22. Der Wein war so schlecht, daß die ganze Gesellschaft krank geworden ist; können die Gäste den Gastgeber, der die schlechte Qualität kannte, in Anspruch nehmen? Würde es nicht auf das Motiv ankommen, z. B. ob ihn bei der Wahl des Weines Geiz oder die bösliche Absicht, seinen Gästen ein Uebles zuzufügen, geleitet habe? Können sie, oder kann er den Weinhändler belangen und worauf?

23. Von einer Porzellanhandlung bezieht Jemand zu einer Gesellschaft eine Quantität Teller mit der Vereinbarung, daß er die unbeschädigt zurückgeschickten das Dutzend mit 20 Pfg., die zerbrochenen das Stück mit 1 Mark vergüten solle. Ist das ein Kauf- oder Miethcontract oder ein von beiden verschiedenes Geschäft?

24. In Weinhandlungen wird beim Handverkauf die leere Flasche zu einem Satz berechnet, den man, wenn man sie zurückbringt, zurückerhält. Wie ist das Verhältniß aufzufassen? Als Unterpfand für Restitution der Flasche oder als Kaufpreis bei einem resolutiv bedingten Verkauf? 25. Ein Weinreisender bringt Jemandem, der ihm ausdrücklich bemerkt: seine Verhältnisse verstatten es ihm gegenwärtig nicht, eine Bestellung zu machen, Wein auf, indem er ihm anheimstellt: er könne zahlen, wenn es ihm passe. Es sind inzwischen mehrere Jahre vergangen, und der Besteller hat jeder erneuerten Aufforderung zum Zahlen den Einwand entgegengesetzt: es passe ihm zur Zeit noch nicht; kann die Weinhandlung endlich auf Zahlung bestehen, oder muß sie sich jenen Einwand bis auf Lebenszeit des Bestellers gefallen lassen?

26. Ein Gast wirft eine Flasche Rothwein um und verdirbt

dadurch das Tischtuch; kann von ihm Schadensersatz mit der act. legis Aquiliae verlangt werden? Oder kann er den obigen (Nr. 5) Gesichtspunkt geltend machen: das gesellige Leben stände nicht unter dem Gesetz der culpa? Wie nun, wenn er culpos die Spiegel einstößt, Vasen und Büsten zertrümmert, ein noch glimmendes Schwefelholz oder eine noch brennende Cigarre in den Papierkorb wirft u. s. w., haftet er ebenfalls nicht? Und gilt die Befreiung der Haftung für culpa bloß für Leute, welche wir zu uns eingeladen haben, oder auch für solche, welche uns uneingeladen besuchen, oder welche bloß in Geschäftsangelegenheiten zu uns kommen?

27. Es hat Jemand bei einem Conditor eine Torte bestellt, die einer ihm befreundeten Dame zu ihrem Geburtstag zugestellt werden soll, aus Versehen wird sie bei einer anderen in demselben Hause wohnenden Dame abgegeben, welche sie verzehrt. Haftet sie, wenn dies bona fide geschehen ist? Hat erstere, wenn der Irrthum vorher entdeckt wird, einen direkten Anspruch gegen letztere auf Herausgabe?

28. Bei manchen Kartenspielen wird der Verlust nach jedem Spiel, anstatt sofort gezahlt oder angeschrieben zu werden, in Marken entrichtet, welche als Zahlungsanweisungen gelten und bei Beendigung des Spieles eingelöst werden; haben diese Marken eine juristische oder eine bloß faktische Bedeutung, d. h. knüpft sich an sie ein Versprechen der Spieler, oder dienen sie nur zur Constatirung von Gewinn und Verlust, wie das Anschreiben desselben? 29. Die Benutzung ungestempelter Karten ist verboten; lassen sich letztere aus diesem Grunde zu den res extra commercium zählen? 29a. Es hat Jemand beim Spiel einen falschen Hundertmarkschein gesetzt, der ihm aber als solcher nicht bekannt war, und schließlich 10,000 Mark gewonnen. Der Bankhalter fordert den ganzen Betrag zurück, da der Einsatz ein

falscher gewesen sei; angenommen, es ist 10 Mal gesetzt, jedes Mal unter Verwendung des ersten Scheins, ist ihm wenn auch nicht der ganze Betrag, so doch ein Theil desselben zuzusprechen, oder läßt sich seine Forderung schlechthin damit zurückweisen, daß er den falschen Schein als gültigen habe gelten lassen?

30. Es hat Jemand aus Versehen den unrechten Hut mitgenommen, der unterwegs beschädigt wird; haftet er? Er trägt ihn, da es ihm nicht gelungen ist, den seinigen wieder zu erhalten; ist dies ein furtum usus?

31. Ein Freund nimmt bei starkem Unwetter unsern Schirm mit, ein heftiger Windstoß entführt ihm denselben beim Passiren der Brücke in den Fluß, es soll angenommen werden: ohne seine Schuld. Hat er den Schirm zu ersetzen? Würde der Umstand von Einfluß sein, ob er ihn mit oder ohne unser Wissen mitgenommen hat? Würde das Wissen die Erlaubniß ersetzen? Gilt, was vom Freunde, auch von einem Fremden?

32. Jemand hat aus Versehen seinen Schirm bei mir stehen lassen; hafte ich, wenn er gestohlen oder durch meine Leute, die ihn benutzen, beschädigt wird? 32a. Darf er ihn einseitig, ohne mich vorher um Erlaubniß zu fragen, wieder zu sich nehmen? Die Frage hängt davon ab, ob er noch Besitzer war und ob er damit lediglich sein Besitzrecht ausübt. 32b. Wie, wenn ich ihn zu mir genommen habe und ihm die Herausgabe aus irgend einem nichtigen Grunde verweigere, darf er ihn mir mit Gewalt entziehen? Welches Rechtsmittel steht ihm zu, um die Rückgabe zu erzwingen? Muß er zu dem Zweck sein Eigenthum beweisen, oder genügt die einfache Darlegung des obigen Sachverhalts? Muß das römische interdictum utrubi zu dem Zwecke in Bezug genommen werden, oder stellt das Römische Recht nicht eine andere Klage zu dem Zweck zur Verfügung?

XIV. Im Theater.

1. Ein Auswärtiger ersucht telegraphisch die Theaterdirection, ihm zu einer angekündigten Vorstellung einen Platz zu sichern, wird aber durch dienstliche Abhaltung an der Reise gehindert; muß er zahlen? Er wendet ein, daß der Contract nicht zu Stande gekommen sei, da er keine Rückantwort erhalten habe, ein Contract setze Annahme der Proposition von der andern Seite voraus. Sodann beruft er sich auf die dienstliche Verhinderung. Würde der Umstand, daß er sich in dem Telegramm der Wendung bediente: er er s u ch e oder b i t t e, ihm einen Platz zu sichern, demselben den Charakter einer bloßen Bitte, die als solche nicht verbindlicher Art ist, verleihen?

2. Welcher Art ist der Contract, den man durch Lösung eines Theaterbillets mit der Direction eingeht? Miethe eines Platzes?

3. Ist der Gesichtspunkt der Miethe nicht jedenfalls für Theaterlogen zutreffend, welche jahresweise vermiethet werden.

4. Gibt es einen Rechtsschutz gegen denjenigen, der sich in unsere Loge drängt? Ein Besitzrechtsmittel wegen Störung im Besitz? Sind wir berechtigt, ihn, wenn er nicht weichen will, gewaltsam aus der Loge zu entfernen? Würde er eine act. injuriarum haben, wenn wir ihn bei dieser Veranlassung angefaßt hätten?

5. Wir haben für einen Abend ein Logenbillet gelöst, welches auf „Loge Nr. 15 für 6 Personen" lautet; dürfen wir nur zu 6 Personen in derselben erscheinen, oder läßt sich jenem Zusatz nicht noch ein anderer Sinn unterlegen als der einer Beschränkung auf eine bestimmte Zahl von Personen?

5 a. Die Direktion eines Theaters hatte die Verfügung getroffen, daß dem Theaterreferenten einer bestimmten Zeitung,

der stets ungünstige Berichte geliefert hatte, keine Billet bei der Kasse verabfolgt werden solle; war sie dazu berechtigt? Derselbe ließ sich durch einen Bekannten ein Billet lösen, aber auch daraufhin ward ihm der Eintritt verweigert; ist der Fall ebenso zu beurtheilen wie der vorige? 5 b. Ist die Person, welche von einem Andern, der das Theater nach dem ersten Akt verlassen hat, die Contremarke geschenkt erhalten oder gekauft hat, befugt, darauf den Eintritt zu begehren? Die Direktion glaubt dies untersagen zu können, sonst könne auch Jemand, der die erste Hälfte eines Diners an der Gasttafel oder bei einem öffentlichen Festessen mitgemacht habe, sich entfernen und einen Andern an seiner Statt schicken, dann könnten sich zwei Personen für ein Couvert satt essen. 5 c. Der Käufer eines Theaterbillets entdeckt, nachdem er sich den Platz angesehen, daß man von demselben aus weder gut sehen, noch hören kann, und fordert den Preis zurück; war er dazu berechtigt, oder kann sich die Direktion damit ausreden, sie habe nur einen Platz im Theater zugesichert, und den habe er erhalten?

6. Einer Sängerin werden Blumenbouquets auf die Bühne geworfen; liegt darin ein jactus missilium? Eins dieser Bouquets, das hinter die Coulissen fiel, ist von einer dort stehenden Choristin aufgefangen und nicht abgeliefert. In demselben befand sich eine kostbare Brosche, welche sie aber nicht entdeckt hat; hat sie dieselbe gestohlen? In wessen Eigenthum steht die Brosche; in dem des Jacenten oder der Sängerin?

7. Der Theaterdirector kündigt zu erhöhten Preisen eine Vorstellung mit „der Lucca" an; alles nimmt Billets, später verlautet, daß die zu erwartende Sängerin nicht die bekannte, sondern eine unbekannte und unbedeutende Sängerin desselben Namens war; muß der Director die Billets zurücknehmen? Er wendet ein: 1) Er habe die Lucca nicht als die berühmte ange-

XIV. Im Theater.

fündigt, 2) Jeder habe sich sagen müssen, daß die berühmte Lucca nicht auf dem kleinen Theater in Z. gastiren werde.

8. Die angekündigte Opernvorstellung wird, weil die Primadonna über etwas verstimmt und in Folge davon nicht „bei Stimme" ist, mit irgend einer andern vertauscht; ist die rection verpflichtet, die gelösten Billets zurückzunehmen?

9. Muß sie denjenigen Billetkäufern, welche lediglich zu dieser Vorstellung von außerhalb gekommen sind, die Reisekosten, denjenigen, welche von Zwischenhändlern das Billet zum dreifachen Kassenpreis gekauft haben, den Ankaufspreis ersetzen?

10. Können letztere nicht von ihren Verkäufern den Betrag wegen nicht geleisteter diota promissa zurückfordern oder Aufhebung des Kaufs wegen laesio enormis verlangen?

11. Wie, wenn zu der Zeit, als sie von dem Zwischenhändler das Billet zu der bestimmten Vorstellung kauften, letztere mit oder ohne ihr Wissen bereits abgekündigt war?

12. Kann die Direction die Sängerin für den durch ihre reine Laune bewirkten Ausfall in der Tageseinnahme verantwortlich machen? Würde auch ein Kunstfreund, in dessen Soirée sie sich anheischig gemacht hatte, gegen Honorar zu singen, in gleichem Fall eine Klage gegen sie haben?

13. Ist es eine Schenkung, wenn Jemand zur Benefizvorstellung einer Sängerin mehrere Dutzend Billets kauft, die er gar nicht die Absicht hatte zu benutzen? Sein Motiv war zweifellos das der Liberalität.

14. Ein dramatischer Schriftsteller hat der Theaterdirection sein Werk zur Aufführung gegen eine bestimmte Tantième des Ertrages überlassen. Wie ist der Contract juristisch zu charakterisiren? Als Innominatcontract: facio, ut des? Oder greift hier nicht ein anderer, individuell benannter Vertrag des römischen Rechts Platz?

15. Welcher Vertrag liegt vor, wenn dem Verfasser für jede Aufführung des Stücks ein bestimmtes Honorar zugesichert ist, oder wenn er das Recht der Aufführung durch einen Licenzvertrag ein für alle Male für eine bestimmte Summe überlassen hat?

16. Würde im letzteren Fall die Verlängerung der gesetzlichen Frist des Urheberrechts dem Verfasser oder der Direction zu gute kommen? Letztere behauptet, das Recht zur Aufführung auf so lange erworben zu haben, als das Recht des Verfassers dauere, letzteres dauere jetzt länger als früher, die Verlängerung komme ihr zu gute; ersterer macht geltend: bei Abmessung des Aequivalents für die dauernde Ueberlassung des Aufführungsrechts sei für beide Theile die damalige Frist maßgebend gewesen, der Fall liege nicht anders, als wenn Jemandem, dem ein ususfructus auf 20 Jahre bestellt worden sei, und der denselben für eine bestimmte Summe einem Andern verkauft habe (wie ist ein solcher Verkauf zu denken?), der ususfructus verlängert worden sei.

17. Darf er in allen diesen Fällen mit einer Concurrenzanstalt desselben Orts einen Vertrag ähnlichen Inhalts abschließen?

18. Die Direction in Z. hat die unbedeutende Sängerin Auguste X, indem sie dieselbe mit ihrer sehr gefeierten Schwester Antonie X verwechselte, zu glänzenden Bedingungen engagirt. Der Irrthum wird entdeckt, nachdem jene ihre bisherige Stellung aufgegeben hat und nach Z. gekommen ist. Die Direction weigert sich, wegen wesentlichen Irrthums in der Person den Contract zu erfüllen; hat die Sängerin einen Anspruch?

19. Kann eine Sängerin, welche völlig ungerechter Weise lediglich auf Grund einer Intrigue ausgepfiffen ist, gegen die ihr bekannten Rädelsführer die act. injuriarum oder die act.

XIV. Im Theater.

doli oder etwa beide anstellen? Welcher Gesichtspunkt würde für die letztere Klage der maßgebende sein? Würde auch eine Dilettantin, der dies im Concert geschehen ist, dieselbe haben?

20. Unter welchem Gesichtspunkt würde nach römischem Recht das Einschleichen ins Theater fallen?

21. In dem Vertrage, den der Director einer wandernden Schauspielergesellschaft mit den Mitgliedern abschließt, lautet § 6: „Tritt Brand, Krieg, ansteckende Krankheit, andauernde Krankheit des Mitgliedes, Landestrauer, politische Umwälzungen oder sonstige Calamität ein, so ist der Director berechtigt, diesen Contract in allen seinen Theilen aufzulösen." Hat er das Recht, wenn seine Frau stirbt („sonstige Calamität"), wenn die Regierung einen Staatsstreich macht („politische Umwälzung"), wenn im Hospital ein Fall einer ansteckenden Krankheit vorkommt?

22. In § 8 heißt es: „Herr N. N. acceptirt die bestehenden und etwa noch zu erlassenden Theatergesetze, unterwirft sich ihnen, so weit sie nicht diesem Vertrage Zuwiderlaufendes enthalten, und sieht sie als einen integrirenden Theil des Contractes an." Ist diese letztere Bestimmung gültig, kann der Director z. B. neue Strafgesetze erlassen?

23. Ist auf das Verhältniß einer solchen Theatergesellschaft blos darum, weil der Zweck ein gemeinschaftlicher und vermögensrechtlicher ist, der Gesichtspunkt der Societät anwendbar?

23 a. Amerikanische Blätter enthalten folgenden Fall. Der Präsident Cleveland schickte in die Kanzlei des Pariser Zirkus zu Washington und ließ für den Abend eine Loge holen. Sofort eilte der Director in eine Accidenzdruckerei, um dort neue Zettel herstellen zu lassen; eine halbe Stunde später war an den Straßen angeschlagen: „Präsident Cleveland und seine neuvermählte, junge, schöne Frau erscheinen heute im Cirkus."

Der Zweck war erreicht, das Haus zum Erdrücken voll; allein der Präsident, den es wahrscheinlich verdroß, sich als „Programm-Nummer" gedruckt zu sehen, erschien nicht. Nach Schluß der Vorstellung stürmte ein Theil des Publikums die Kasse und verlangte unter dem Vorwande, es sei nicht eingehalten worden, was der Zettel versprochen, die Rückgabe des halben Eintrittsgeldes.

XV. Unter den Musikern.

1. Ein zu einer Gesellschaft eingeladener Musiker hat der Aufforderung des Wirthes, etwas vorzutragen, Folge geleistet; kann er dafür Honorar beanspruchen?

2. Hat der Wirth, um sich gegen derartige spätere Ansprüche sicherzustellen, nöthig, hinzuzufügen, daß er nur eine unentgeltliche Gefälligkeit beanspruche?

2 a. Er hat die Geige desselben durch einen Dienstmann holen lassen, der sie auf dem Vorplatz hingestellt hat, wo sie gestohlen wird; haftet der Wirth? Aeußersten Falls glaubt er sich nach den Nr. XI, 10 citirten Stellen des römischen Rechts nur zur Entrichtung des Preises, den eine gewöhnliche Geige koste, verpflichtet, während die gestohlene den unverhältnißmäßig hohen Preis von 7000 Mark hatte.

3. Wie, wenn er einen ihm unbekannten Künstler auffordert, zu einer von ihm zu veranstaltenden musikalischen Soirée mitzuwirken? Bedarf es hier einer Zusicherung oder einer vorherigen Feststellung des Honorars?

4. Wir haben längere Zeit mit einem befreundeten Musiker in unserm Hause ein Streichquartett gehabt. Später veruneinigen wir uns, und er verlangt hinterher Zahlung für seine Mitwirkung; sind wir verpflichtet?

XV. Unter den Musikern.

5. Er läßt, wenn er des Abends bei uns musicirt hat, sein Cello bei uns zurück und läßt es den folgenden Tag durch einen Dienstmann abholen; ist dies ein factisches oder juristisches Verhältniß? Haften wir für culpa?

6. Können wir nicht compensando die Rathschläge, welche wir als Jurist oder Arzt ihm gegeben haben, in Anrechnung bringen?

7. Er hat öfters neu erschienene Quartette mitgebracht, die bei uns aufgeführt und oft Wochen lang bei uns liegen geblieben sind. Angenommen, er hatte selber eine Musikalien=leihanstalt, könnte er sich für jene Noten nicht den gewöhnlichen Preis fürs Verleihen berechnen?

8. Von einem Quartett, das er in dieser Weise bei uns gelassen hat, ist eine Stimme ohne unser Zuthun verloren. Haften wir? Wenn diese Frage zu bejahen, müssen wir dann nicht ebenfalls haften, wenn eingeladene Gäste in der Erwar=tung, daß wir sie in unserer Gesellschaft zum Musiciren auf=fordern werden, Musikalien mitgebracht haben, und dieselben bei uns ohne unsere Schuld verloren gegangen sind?

9. Genügt es im obigen Fall, daß wir für die verloren gegangene Stimme $1/4$ des Preises des ganzen Quartettes bezahlen?

10. Wir haben in einer der Stimmen Druckfehler cor=rigirt, die unser Gegner als solche nicht bestreitet; gleichwohl verlangt er, daß wir ihm das Werk ersetzen sollen, da wir es b e s c h ä d i g t hätten. Würde es einen Unterschied machen, ob er das Werk bereits für eigenen Gebrauch oder für seine Leih=anstalt in Gebrauch genommen hatte, oder ob es bei ihm noch zur Ansicht lagerte? Macht es etwas aus, ob wir die Druck=fehler mit Tinte oder Bleistift corrigirt haben?

XV. Unter den Musikern.

11. Wir übergeben einem Violinisten eine uns zum Verkauf angebotene Geige zum Probiren; welcher Art ist das Verhältniß: Commodat, Depositum? Für welchen Grad der culpa haftet er?

12. Vier Musiker gründen ein auf gemeinschaftlichen Erwerb berechnetes Streichquartett. In ihrem Vertrage verpflichten sie sich zu den nöthigen Proben und zu jährlichen Kunstreisen während der 6 Wintermonate, deren Leitung sowie der Abschluß der nöthigen Verträge dem ersten Violinisten A überlassen wird, der dafür $2/5$ des Reinertrages, während jedes andere Mitglied $1/5$ erhalten soll. Der B nimmt im dritten Jahr ein festes Engagement an und tritt vom Vertrag zurück, was für die drei andern die nachtheilige Folge hat, daß sie den nächsten Winter ihre Concertreisen einstellen müssen, da sie mit dem an seiner Statt eingetretenen Musiker sich erst von Neuem einüben müssen. Können sie dafür von B Schadensersatz verlangen: 1) wenn der Vertrag auf keine bestimmte Zeit, 2) wenn er auf eine bestimmte Reihe von Jahren eingegangen war?

13. Sind die Uebrigen in diesem Fall verpflichtet, den Vertrag weiter fortzusetzen?

14. Was an Musikalien, soweit sie sich nicht bereits im Besitz der Einzelnen befanden, zu kaufen war, ist von der Einnahme bestritten worden. Bei der Auflösung des Verhältnisses will A auf die Theilung dieses Musikalienvorrathes den obigen Theilungsmodus von $2/5$ und $1/5$ anwenden, während die Andern Theilung zu gleichen Theilen verlangen, da es sich hier nicht um den „Reinertrag", sondern um ein gemeinschaftliches Inventar handle, und sie glauben diesen Gesichtspunkt mit der Behauptung unterstützen zu können, daß jeder von ihnen an

seiner Stimme Besitz und Eigenthum habe. Ist diese Behauptung richtig? In welchem Verhältniß ist zu theilen?

15. Gehören die Reparaturkosten, welche das einzelne Mitglied für sein Instrument aufgewandt hat, mit zu den gemeinschaftlichen Unkosten, welche von der Einnahme abzuziehen sind?

16. Der erste Violinist hat aus Veranlassung der Quartettproductionen an mehreren Höfen außer dem Honorar, welches er in die Kasse geliefert hat, auch Geschenke erhalten, welche er für sich behalten hat, und an denen die übrigen jetzt ebenfalls ihren Theil begehren; sind sie dazu berechtigt?

17. Ein Gesangverein beabsichtigt, "zum Besten der Ueberschwemmten in X" ein Oratorium aufzuführen, und schickt vorher einen Subscriptionsbogen herum; haben die Unterschriften auf demselben verbindende Kraft?

18. Können die Subscribenten nicht wenigstens dann zurücktreten, wenn eine Sängerin, deren Mitwirkung in dem ihnen vorgelegten Programm zugesagt war, später sich zurückzieht? Würde es von Einfluß sein, wenn es in dem Programm bloß geheißen hätte: man h o f f e diese Sängerin zu gewinnen? Kann die Sängerin klagen, deren Auftreten man angekündigt hat, ohne sich ihrer Mitwirkung im voraus zu versichern?

19. Der Vorstand des Gesangvereins, welcher das Concert arrangirt hat, will hinterher einen Theil des Ertrages zu einem andern als dem angegebenen Zweck verwenden. Ist er dazu berechtigt, oder können nicht diejenigen, welche die Gelder beschafft haben, d. h. alle diejenigen, welche ein Concertbillet gelöst haben, auf Erfüllung des im Concertprogramm angegebenen Verwendungsmodus bringen?

20. Können dies die "Ueberschwemmten in X" oder nicht sonst Jemand in ihrem Namen?

21. Würde es einen Unterschied machen, wenn die Summe

auf dem Wege einer Collecte zusammengebracht wäre? Welche rechtliche Stellung würden hierbei die Sammler gegenüber den Gebern und den Destinatären einnehmen, welche Klagen gegen sie begründet sein?

22. Das Comité, welches sich an die Spitze des Unternehmens gestellt hat, hat die eingegangenen Gelder bei einem Banquier deponirt, letzterer weigert sich, dieselben herauszugeben, ein Comité sei keine juristische Person und könne daher nicht klagen, ein Klagrecht hätten nur die Einsender der Beiträge; kann das Comité klagen, können es die Einsender?

23. Findet bei der Unterzeichnung zu jährlichen Beiträgen für milthätige Zwecke eine juristische Verpflichtung statt? Würde nicht eigene Verarmung den Zeichner befreien?

24. Eine Musikalienhandlung in X schloß vor einer Reihe von Jahren mit einem Virtuosen, der damals das größte Aufsehen machte, einen Vertrag, wodurch er ihr den Ertrag von 10 von ihm auf ihre Rechnung in X zu veranstaltenden Concerten gegen ein Aversionalquantum von 30 000 Mark abtrat; wie ist der Vertrag nach römischem Recht zu charakterisiren? 24a. Bei Bestellung musikalischer Instrumente für dritte Personen erhalten Musiklehrer von den Fabrikanten einen gewissen Procentsatz des Preises; sind sie nach dem Grundsatz: **ex mandato apud eum, qui mandatum suscepit, nihil remanere oportet** (l. 20 pr. Mand. 17. 1) nicht verpflichtet, diesen Betrag ihren Mandanten zu gute kommen zu lassen? 25. Beim Musikunterricht ist es vielfach üblich, daß dem Lehrer für jede Musikstunde ein mit dem Namen des Schülers oder seiner Eltern versehenes Billet eingehändigt wird; hat dasselbe eine juristische oder factische Bedeutung? S. die ähnliche Frage in Nr. XIII, 28.

XVI. In der Bahnhofsrestauration.

1. Auf dem Büffet finden sich Speisen und Getränke aufgestellt; ist das eine Thatsache von juristischer Bedeutung? wie läßt sich dies mit einem Wort bezeichnen? Etwa als Auslobung? Steht die Ankündigung von Speisen und Getränken auf der Speisekarte auf derselben Linie?

2. Unter welchen juristischen Gesichtspunkt fällt die einseitige Aneignung der Speisen und Getränke von Seiten der Gäste? Unter den der Occupation?

3. Kann der Wirth ihnen einen beliebigen Preis abfordern, wenn sie sich vorher nicht nach dem Preise erkundigt haben?

3a. Wie ist die Handlungsweise eines Menschen zu beurtheilen, der ohne alle Geldmittel sich auftischen läßt?

4. Wir haben ein Beefsteak bestellt, nachdem uns vorher zugesichert ist, daß es zeitig besorgt werden könne; es erscheint, als das Zeichen zum Einsteigen gegeben wird; können wir es zurückweisen? Der Wirth verneint es, denn er habe seinerseits nichts weiter versprochen, als es zeitig zu besorgen, und zeitig, d. h. vor Abgang des Zuges sei es ja besorgt; es zu essen, sei Sache des Gastes, er könne es ja in Papier einwickeln und unterwegs verspeisen, bei einem Butterbrode käme das täglich vor.

5. Es hat Jemand bei dem Kellner ein Glas Bier bestellt, und da es nicht kommt, bestellt er es bei einem andern noch einmal; muß er beide behalten? Würde es von Einfluß sein, wenn er auf die frühere Bestellung Bezug genommen hätte?

6. Wir setzen uns auf einen Stuhl; ist das ein juristischer oder bloß factischer Vorgang? Entsteht juristischer Besitz, detentio alieno nomine? Ist der Wirth berechtigt, uns den

Stuhl zu entziehen? Dürfen wir uns wehren, wenn ein Dritter es thut? Dürfen wir ihm den Stuhl später wieder gewaltsam entziehen? Schützt uns die Besitztheorie?

7. Aus Versehen setzt sich Jemand auf einen von ihm nicht bemerkten, auf einen Stuhl gelegten Hut und zerdrückt ihn gänzlich; hat er ihn zu bezahlen? Der Fall kam kürzlich in Mainz zur gerichtlichen Entscheidung.

8. An dem Stuhl befindet sich ein vorstehender Nagel, an dem ein Gast sich seine Beinkleider zerreißt: kann er vom Wirth Ersatz verlangen? Letzterer behauptet: ein contractliches Verhältniß, das ihn zur diligentia verpflichte, liege hier nicht vor, im außercontractlichen Verhältniß aber hafte Jeder nur für culpa in faciendo, an der es hier fehle. Auch dieser Fall ist kürzlich in Bezug auf einen Gastwirth Gegenstand richterlicher Entscheidung geworden. Würde es in diesem Fall von Einfluß gewesen sein, ob sich der Stuhl auf dem Zimmer des Fremden oder im Gasthofszimmer befunden habe?

8 a. Eine vor der Thür zum Gebrauch der Gäste aufgestellte Bank ist neu angestrichen, ohne daß dies äußerlich kundgegeben war; haftet der Wirth für die beschädigten Kleider?

9. Ein Gast steckt den ganzen Vorrath von Zündhölzern, der im Lokal zum allgemeinen Gebrauch aufgelegt ist, zu sich. Er begründet seine Befugniß damit, daß jene Gegenstände dem beliebigen Gebrauch des Publikums überlassen seien, ohne daß dabei eine Beschränkung des Gebrauchs betont sei, sie seien gewissermaßen res communes omnium oder res usui publico destinatae.

10. Läßt sich nicht auch der Gesichtspunkt der Dereliction und Herrenlosigkeit jener Gegenstände aufstellen? Aus ihm würde sich ganz zweifellos das Recht der Occupation ergeben.

11. Wenn Jemand sich als Gast eines Gegenstandes be-

XVI. In der Bahnhofsrestauration.

dient, der in öffentlichen Localen auf den Tafeln zum unentgeltlichen Gebrauch aufgestellt ist (z. B. Brod, Salz, Pfeffer, Senf, Essig, Oel, Zahnstocher), erwirbt er an dem Stück oder der Quantität, die er aus der Masse ausscheidet, das Eigenthum? Worauf würde der Eigenthumserwerb zu basiren sein?

12. Der Erwerb erfolgt unentgeltlich, ohne Vergütung; ist er darum eine Schenkung? Zur Vergleichung möge auf folgende Fälle einer unentgeltlichen Eigenthumsübertragnng verwiesen werden: Zusendung von Bücherkatalogen, Probenummern von Zeitungen, Proben von Colonialwaaren vom Krämer oder von Wein vom Weinhändler. Selbst die Briefe, die wir erhalten, und die Visitenkarten, welche bei uns abgegeben werden, sind Eigenthumsobjekte und kommen zweifellos in unser Eigenthum; kann man aber wegen des Moments der Unentgeltlichkeit in diesen Fällen eine Schenkung annehmen?

13. Der Wirth verstattet einem völlig mittellosen Gast, der nichts bei ihm verzehrt, von dem Brode zu essen; steht der Fall auf derselben Linie mit dem, wenn einer von den Gästen sich von dem Brode abschneidet?

14. Ein Gast hat die Platmenage umgestoßen und Salz, Pfeffer, Essig und Oel verschüttet. Er verweigert Schadensersatz, weil er behauptet: die Sachen seien herrenlos, jedenfalls habe es ihm freigestanden, sich ihrer unbeschränkt zu bedienen. Ist dies wahr, muß der Gastwirth z. B. dulden, daß ein Gast das ganze Glas mit Oel oder Essig zu seinem Salat gießt oder mit dem Brode seinen Hund füttert?

15. Ein eigenthümlicher Industriezweig, der hie und da in großen Wirthschaften, insbesondere in öffentlichen Gärten betrieben wird, besteht darin, daß sich in denselben Individuen unter irgend einem Vorwande etwas zu schaffen machen, um alle Reste, die von den Gästen übrig gelassen werden, (z. B. Stücke Zucker von

XVI. In der Bahnhofsrestauration.

dem Kaffee, Ueberbleibsel von dem Brod) zu sich zu nehmen. Kein Wirth wird gegen solche Personen den Rechtsweg einschlagen, allein für die Bildung des juristischen Urtheils ist es instructiv, auch dieses Verhälniß unter dem rechtlichen Gesichtspunkt zu erfassen. Es fragt sich: Wem gehören jene Reste? Dem Wirth? Man kann ihm entgegenhalten, daß er die Gegenstände, von denen sie übrig geblieben sind, ins Eigenthum des Gastes übertragen hat. Dem Gast? Er hat die Reste stehen lassen, also berelinquirt. Oder hatte er etwa die Absicht, sie dem Wirth zurückzutrabiren? Oder fallen sie ipso jure in dessen Eigenthnm zurück? Wenn aber jene Reste demnach, wie es scheint, herrenlos sind, mit welchem Recht kann der Wirth sich der Occupation derselben von jedem Dritten widersetzen, da es ein bekannter Rechtssatz ist, daß herrenlose Sachen von Jedem occupirt werden können?

16. Ein Gast hat die von einem Andern vergessene Cigarrentasche zu sich gesteckt, der Wirth verlangt dieselbe heraus, weil er in seinem Lokal das ausschließliche Occupationsrecht habe; ist das richtig? Ließe sich nicht ein anderer Gesichtspunkt für diesen Anspruch geltend machen?

17. An den Wartesälen am Bahnhof findet sich häufig der Anschlag: „Hunde dürfen nicht mitgenommen werden". Darf ein Bärentreiber seinen Bären, ein Bauer sein Schwein, der Metzger sein Kalb mit in den Wartesaal bringen, weil vermittelst des argumentum a contrario sich ergebe, daß alle anderen Thiere mit Ausnahme der Hunde mitgebracht werden dürften? Warum werden im Anschlag nur Hunde, nicht auch Katzen, Schweine, Kälber u. s. w. namhaft gemacht? Was ergibt sich hieraus für die Lehre von der Interpretation der Gesetze und für die Art der Abfassung der Gesetze?

18. Die Wartesäle zweiter Klasse werden nicht selten von

Personen besucht, welche nur Billets dritter Klasse gelöst haben oder zu lösen gedenken. Kann die Direction daraufhin von ihnen verlangen, daß sie Billets zweiter Klasse lösen, indem sie durch Besuch des Wartesaals zweiter Klasse ihre Absicht kundgegeben hätten, mit der zweiten Klasse zu fahren?

19. Ein Bahnhofskellner hat einem Gaste versprochen, ihn von dem bevorstehenden Abgange des Zuges in Kenntniß zu setzen, es aber versäumt, und der Gast hat dadurch einen Schaden von 40 Mark erlitten, indem sein Billet nicht mehr gilt, und er am Ort Nachtquartier nehmen muß. Muß der Kellner ihm denselben ersetzen? An welche Klage könnte man denken?

20. Würde es einen Unterschied machen, wenn der Kellner absichtlich, um dem Gast einen Possen zu spielen, die Benachrichtigung unterlassen hätte?

21. Wie ist das Verhältniß der Kellner zum Wirth in Bezug auf die einzelnen Speisen und Getränke zu beurtheilen, die sie entweder sofort baar bezahlen, oder für die sie Marken geben, deren Geldbetrag sie Abends bei der Abrechnung entrichten? K a u f e n sie dieselben oder nehmen sie dieselben nur als Stellvertreter gegen Pränumeration oder Postnumeration? Welche rechtliche Bedeutung haben die Marken?

XVII. Oeffentliche Plakate.

1. Wenn Jemand nicht dulden will, daß an seinem Hause Anschläge aufgeklebt werden, welcher Klage kann er sich bedienen, um es zu verhindern?

2. Ein Plakatunternehmer[*]) hat, bevor das Haus in

---

[*]) In großen Städten gibt es Geschäftsleute, welche das Plakatenwesen in der Weise organisirt haben, daß sie gegen einen bestimmten Preis durch ihre Leute an allen Hauptplätzen das Ankleben besorgen lassen.

unsere Hände kam, 12 Jahre lang seine Plakate an demselben angeklebt. Hat er ein quasipossessorisches Rechtsmittel, wenn wir es ihm jetzt verwehren? Hat er nicht das entsprechende Recht ersessen?

3. Wenn er uns um die Erlaubniß ersucht, dies fernerhin thun zu dürfen, und wir sie ihm gewähren, welches Rechtsverhältniß entsteht dadurch? Wie ist das Verhältniß zu bezeichnen, wenn wir uns jährlich eine Vergütung dafür zahlen lassen?

4. Wie dann, wenn wir ihm das Recht dazu ein für alle Male für eine bestimmte Summe überlassen? Erhält er dadurch lediglich einen obligatorischen Anspruch gegen uns, oder kann er das Recht auch gegen den Singularsuccessor im Hause behaupten, und wie würde dasselbe unter dieser Voraussetzung zu bezeichnen sein?

5. Welchen rechtlichen Einfluß übt das Ankleben der Zettel von seiner Seite auf Besitz und Eigenthum an denselben aus?

6. Es gibt in großen Städten Individuen, welche ein Geschäft daraus machen, die angeklebten Zettel wieder abzureißen, um das Papier zu gewinnen? Welche Rechtshülfe gibt es dagegen für den Plakanten? Die Eigenthumsklagen?

7. Ein Concurrent hat in der Nacht auf allen von einem Handelsmann an verschiedenen Plätzen der Stadt angeklebten Annoncen seines Geschäfts dessen Namen und Adresse mit schwarzer Farbe überstreichen, oder gar seinen Namen und seine Adresse darüber kleben lassen; hat jener eine Klage gegen ihn, und welche?

XVIII. Eine Seefahrt.

1. Mehrere Eigenthümer betreiben mit einem gemeinschaftlichen Schiff ein Rhedereigeschäft; in welchem Verhältniß stehen sie untereinander?

2. In welchem Verhältniß stehen sie zu den Passagieren und Befrachtern, mit denen der von ihnen angestellte Schiffskapitän contrahirt?

3. Haften sie schlechthin aus dessen Verträgen z. B. auch, wenn er das Schiff verpfändet, um nothwendige Reparaturen zu besorgen, oder wenn er es verkauft, um mit dem Gelde eigene Schulden zu bezahlen?

4. In welchem Verhältniß haften sie nach römischem Recht? Nach ihren Antheilen am Schiff?

5. Der Kapitän nimmt in der Fremde ein Darlehn auf, welches am Bestimmungsorte zurückgezahlt werden soll; ist dies ein foenus nauticum?

6. Wann würde ein foenus nauticum vorliegen? Kann dabei auch von Zinsen abgesehen werden? Worin besteht das Abweichende dieser Art des mutuum von dem regulären? Besteht der Zweck desselben darin, das Geld an Bord und mit nach dem Bestimmungsort zu nehmen?

7. Darf der Schiffskapitän die Waaren in ein anderes als das beiderseits in Aussicht genommene Schiff umladen? Wie, wenn letzteres untergeht? Muß er die Waaren ersetzen? Läßt sich diese Frage schlechthin beantworten, oder kommt es hierbei nicht auf die Umstände an?

8. Um das Schiff, das auf den Grund gerathen war, flott zu machen, hat der Kapitän Waaren über Bord geworfen, sind dieselben damit herrenlos oder besitzlos geworden? Macht es in dieser Beziehung einen Unterschied, ob dies auf hoher See

ober an der Küste an einer Stelle geschah, wo man erwarten kann, daß sie ans Land getrieben werden, oder wo sie sich, wenn versenkt, später wieder heraufholen lassen? In manchen Gegenden wird das Flößen des Holzes in der Weise betrieben, daß die auf dem Berge gefällten Stämme in kleinere Stücke gesägt und dann in den Fluß geworfen und an einer bestimmten Stelle durch eine dort angebrachte Vorrichtung aufgefangen werden. Geht der Besitz an diesen Scheiten Holz durch das Hineinwerfen in den Fluß verloren? Steht letzteres auf einer Linie mit dem Hineinwerfen in das Meer?

9. Wenn die Strandbewohner sich der angetriebenen Sachen bemächtigen, ist dies schlechthin als furtum zu charakterisiren?

10. Können sie nach römischem Recht eine Vergütung für ihre Mühe verlangen? Würde der Eigenthümer diesem Anspruch nicht entgegensetzen können, daß sie es ihres eignen Vortheils halber, nicht seinetwegen gethan hätten?

11. Stehen ihm zum Zweck der Wiedererlangung lediglich die dinglichen Klagen, oder steht ihm nicht auch eine persönliche Klage zur Verfügung?

12. Die ausgeworfenen Balken sind auf ein Privatgrundstück getrieben und haben dort die Umzäunung eingerissen; hat der Eigenthümer eine Klage auf Schadensersatz?

13. Bekommt der Eigenthümer der über Bord geworfenen und verloren gegangenen Waaren für dieselben Ersatz? Eventuell von wem und bis zu welchem Betrage?

14. Der Kapitän hat, anstatt die Fluth abzuwarten, durch welche das Schiff wieder flott geworden wäre, es vorgezogen, Waaren über Bord zu werfen, oder er hat, um sich und seinen Leuten weniger Mühe zu machen, statt schwerwiegender Frachtstücke Baumwollenballen, Tabaksäcke u. s. w. über Bord geworfen; welche Folgen hat dies für ihn?

15. Ein Passagier hat ein auf dem Verdeck an sicherer Stelle geborgenes Frachtstück zur Seite geschoben, um sein Gepäck dort niederzulegen; wenn dasselbe in Folge davon über Bord gefallen ist, würden die Römer gegen ihn die actio legis Aquiliae gegeben haben?

16. Kann und muß der Kapitän in diesem Fall gegen ihn die Interessen des abwesenden Eigenthümers wahrnehmen und wie?

17. Das Schiff ist auf den Strand getrieben, und die Rettungsböte sind bereits gefüllt. Ein Passagier, der in demselben keinen Platz gefunden, bietet einem Matrosen, der sich in demselben befindet, 1000 M. dafür, daß er ihm seinen Platz überläßt. Beide kommen ans Land, und der Matrose macht seinen Anspruch geltend. Der Passagier setzt dem die Einrede der Nichtigkeit des Versprechens entgegen; es sei abgelegt im Zustande der Unzurechnungsfähigkeit, jedenfalls aber unter dem Einfluß eines „metus, qui et in hominem constantissimum cadit" (l. 6 quod met. 4. 2).

18. Würde es einen Unterschied machen, wenn die Proposition nicht von ihm, sondern von dem Matrosen ausgegangen wäre? Würde darin nicht eine Erpressung gefunden werden können? Und wenn man diese Frage bejahen wollte, welche Klage würde hier am Platze sein? Die act. quod metus causa? Die act. de dolo?

19. Der Passagier, der für sich keine Rettung mehr sieht, schenkt einem Matrosen, der sich durch Schwimmen zu retten hofft, seine Geldtasche mit reichem Inhalt. Wie ist die Schenkung zu charakterisiren? Als donatio inter vivos oder mortis causa? Ist sie der Form nach gültig?

20. Würde es in diesem Fall von Einfluß sein, ob der Passagier wider Erwarten selber ans Land käme?

21. Würde eine Schenkung, die ein Paſſagier einem Matroſen gemacht hat, der ihn mit Gefährdung ſeines eigenen Lebens ans Land gebracht hat, unter den gewöhnlichen Grundſätzen der Schenkung ſtehen?

22. Bei dem Schiffbruch iſt ein Vater mit ſeinen beiden einzigen Söhnen umgekommen, von denen der eine unmündig, der andere mündig war; wer früher, wer ſpäter umkam, läßt ſich nicht ermitteln. Beide Kinder hatten von ihrer verſtorbenen Mutter her eigenes Vermögen. Um die Erbſchaften dieſer drei Perſonen ſtreiten ſich ein Bruder des verſtorbenen Vaters und ein Halbbruder der verſtorbenen Kinder mütterlicherſeits; wer erhält ſie?

XIX. Rechtsverhältniſſe mit der Poſt[1]).

1. Welches Rechtsverhältniß entſteht zwiſchen uns und der Poſtbehörde, indem ſie einen Brief von uns entgegennimmt? 2. Iſt es darauf von Einfluß, ob wir den Brief frankiren oder nicht? Im erſteren Fall wird die Gegenleiſtung für die erwartete Leiſtung von demjenigen entrichtet, der den Vertrag abſchließt, derſelbe zählt für ihn alſo zu den entgeltlichen (do ut facias? locatio operarum, operis?), im letzteren Fall, wie es ſcheint, zu den unentgeltlichen, da nicht er, ſondern der Adreſſat das Porto zu entrichten hat. 3. Macht es juriſtiſch einen Unterſchied, ob man den Brief bei der Poſtbehörde frankirt oder eine Freimarke aufklebt? 4. Worin beſteht die juriſtiſche Natur der Freimarken? Sind ſie von der Poſtverwaltung ausgegebenes Geld, beſtimmt, bei der Frankatur der Briefe als Zahlung zu dienen? Gehören ſie zu den Papieren auf den Inhaber? Oder welche

---

1) S. auch Nr. VIII.

Auffassung bietet sich sonst noch dar? Ist der Kauf derselben im Sinne des gewöhnlichen Sprachgebrauchs auch juristisch als Kauf zu qualificiren? 5. Dieselben dienen bei Geldsendungen in Papierscheinen nicht selten dazu, um Beträge, die geringer sind als der kleinste Papierschein (5 M.), darzustellen; darf man ihnen darum den Charakter von Geld beilegen? Hat Jemand nöthig, sie bei solchen Gelegenheiten als Zahlungsmittel anzunehmen? Wie ist, wenn er sie angenommen hat, die Zahlung juristisch zu denken?

6. Wie ist die Entrichtung des Briefportos für einen unfrankirten Brief juristisch zu charakterisiren? Als Zahlung? Zahlung setzt eine Verpflichtung voraus: existirt eine solche in der Person des Adressaten? Oder als Leistung zum Zweck der Gegenleistung (do ut des)? 7. Hat der Adressat einen Anspruch auf Herausgabe des Briefes gegen die Post? Würde er sich, um denselben zu begründen, auf die moderne Theorie der Verträge zu Gunsten Dritter berufen müssen, oder bietet nicht schon das strenge römische Recht einen passenden Gesichtspunkt dar? 8. Die Deducirbarkeit eines solchen Anspruchs angenommen, würde der Adressat die Post mit ihrer Gegenforderung auf das Porto nicht an den Absender verweisen können?

9. Der Brief ist verloren gegangen oder verspätet abgegeben; haftet die Post (von besonderen postalischen Bestimmungen abgesehen, die Frage vielmehr rein nach römischem Recht beurtheilt) für den ganzen, vielleicht auf Tausende von Mark sich belaufenden Schaden? 10. Der Brief ist auf der Post von einem Postofficianten geöffnet worden; hat der Absender oder der Adressat dieserhalb eine Klage? Die acto legis Aquiliae? Die act. de dolo? 11. Möglich ist, daß beide dadurch einen großen pecuniären Schaden erlitten haben (z. B. durch Mittheilung einer wichtigen commerciellen Nachricht an einen Concurrenten, durch

XIX. Rechtsverhältnisse mit der Post.

Veröffentlichung eines Fabrikgeheimnisses u. s. w.), können sie unter dieser Voraussetzung statt des insolventen Postofficianten nicht die Post in Anspruch nehmen? 12. Ist ihr Anspruch gegen jenen an die Voraussetzung eines pecuniären Schadens geknüpft? Wäre er es, so würde man gegen das Oeffnen der Briefe als solches kein privatrechtliches Sicherungsmittel haben, mein Hauswirth, der Portier des Gasthofs, und wer sonst die für mich bestimmten Briefe in die Hände bekommt, könnte sie ohne Gefahr öffnen; bietet das römische Recht dagegen Hülfe?

13. Geht Besitz und Eigenthum an dem Briefe, den wir der Post übergeben, auf die Post über? oder durch sie als Stellvertreterin des Adressaten auf letzteren? oder verbleiben beide uns? 14. Erwirbt der Adressat mit der Ablieferung Eigenthum am Briefe? 15. Kann er, wenn dies zu bejahen, den Inhalt drucken lassen? Läßt sich letztere Frage schlechthin mit Ja oder Nein beantworten? Läßt sich die unbefugte Veröffentlichung unseres Briefes unter irgend einen Delictsbegriff bringen?

16. Eine besonders interessante Gestalt nimmt das Verhältniß zwischen dem Absender des Briefes und der Post dann an, wenn der Brief in eine der von ihr zur Einsammlung der Briefe aufgestellten Briefladen gesteckt ist. Hat die Einrichtung solcher Briefkasten von Seiten der Postverwaltung bloß eine factische oder eine rechtliche Bedeutung? Die Beantwortung der Frage ist gleichbedeutend mit der: wann kommt der Vertrag zwischen dem Einleger und der Post zu Stande? Erst mit dem Moment, wo dieselbe durch einen Officianten die darin befindlichen Briefe in Empfang nimmt, oder schon mit dem Moment, wo der Brief eingelegt wird? 17. Wenn letzteres, wie ist diese Einrichtung juristisch zu charakterisiren? Als Mittel zum Contrahiren in incertam personam nach

XIX. Rechtsverhältnisse mit der Post.

Art der Auslobung? 18. An den Brieflade pflegen die Stunden verzeichnet zu stehen, zu denen sie regelmäßig abgeholt werden; angenommen, letzteres ist irgend einmal versäumt, können die Einleger der Briefe, welche durch die verspätete Besorgung derselben Nachtheil erlitten haben, dieserhalb einen Anspruch gegen die Post erheben, und wie müssen sie denselben deduciren? Würde die Frage (unter Nr. 17) hierauf von Einfluß sein? 19. Haftet die Post, wenn die Brieflade erbrochen, und der Inhalt entwendet ist? 20. Haftet sie, wenn dieselbe gar nicht verschlossen, oder der Verschluß, die Befestigung oder Construction der Brieflade eine so mangelhafte war, daß die darin befindlichen Briefe sich ohne Anwendung einer besonderen Geschicklichkeit oder Gewalt daraus entfernen ließen?

21. Es kommen Brieflade auch im Privatbesitz vor; wann gilt die Kündigung, welche spätestens am 31. December geschehen mußte, als erfolgt, wenn der Brief, der eine solche Kündigung enthielt, am 31. Dec. Abends 6 Uhr in die Brieflade gesteckt wurde, während letztere erst am folgenden Morgen geräumt wurde: am 31. Dec. oder am ersten Jan.? Ist es für die Entscheidung gleichgültig, ob der Brief um 6 Uhr oder um 10 oder 11 Uhr Abends in die Brieflade gesteckt ward? 22. Wann ist an den in die Brieflade gesteckten Briefen Besitz und Eigenthum erworben und nach welchen Grundsätzen? Ebenso verhält es sich mit den Opferstöcken in den Kirchen und an öffentlichen Plätzen, den Armenbüchsen in öffentlichen Lokalen.

23. Muß die Post bei postlagernden Briefen sich von der Identität dessen, der sie begehrt, überzeugen? Wird das Vorweisen der Visitenkarte oder Postkarte zu dem Zweck genügen? Was würde die Folge sein, wenn die Post einen streng juristischen Beweis der Identität verlangte? Was läßt sich als muthmaßliche Absicht des Absenders in dieser Beziehung annehmen?

XIX. Rechtsverhältnisse mit der Post.

24. Welche Haftung übernimmt die Post mittelst Annahme eines beclarirten Geldbriefes? Haftet sie für die beclarirte Summe, so daß sie dieselbe zu ersetzen hat, wenn sie sich bei der Oeffnung in demselben nicht befindet? 25. Was hat der Adressat zu thun, wenn der Brief Spuren der Verletzung an sich trägt? 26. Ist es für seine Ansprüche gegen die Post von Bedeutung, wenn er die Vorsicht beobachtet, in Gegenwart des Briefträgers den ihm unversehrt überlieferten Brief zu öffnen? Wem gegenüber ist diese Vorsicht aber dennoch geboten? 27. Wird nicht der Absender ebenfalls gut thun, beim Einsiegeln des Geldes eine Vorsichtsmaßregel zu beobachten?

28. Die seit einiger Zeit bestehende Einrichtung der Posteinzahlungen überhebt ihn derselben, wenigstens bei kleineren Summen: worin besteht der juristische Charakter derselben? Deponirt der Einzahler die Summe mit dem Nebenvertrag, daß sie dem Adressaten ausgezahlt werden solle? Ist es ein Mandat zu Gunsten eines Dritten? 29. Gilt hier von der Constatirung der Identität des Adressaten dasselbe wie bei Nr. 23?

30. Es nimmt Jemand auf ein übersandtes Poststück Postvorschuß; wie ist letzterer zu charakterisiren? Als ein von der Post gewährtes mutuum, das ihr vom Adressaten zurückerstattet werden soll? Unter welchen Gesichtspunkt fällt die Einlösung des Poststückes von Seiten des letzteren? Steht sie auf einer Linie mit der Zahlung des Portos? Wenn die Annahme verweigert wird, unter welchen juristischen Gesichtspunkt würde der Anspruch der Post auf Rückzahlung des Vorschusses zu bringen sein? 31. Ein Gläubiger mahnt seinen Schuldner mittelst Correspondenzkarte in einer Weise, die an sich keine Injurie in sich schließt; kann dieselbe darin gefunden werden, daß die Mahnung durch eine Correspondenzkarte geschehen ist? Der Absender macht geltend, daß

XIX. Rechtsverhältnisse mit der Post.

letztere bloß für den Adressaten bestimmt sei; wenn ein Anderer, z. B. der Postbote, das Gesinde sie gelesen habe, so ginge ihn dies nichts an.

32. Wann wird bei brieflicher Verhandlung der Contract für den Offerenten bindend? Mit dem Moment, wo der Acceptant den Acceptbrief geschrieben — zur Post gegeben — wo derselbe beim Offerenten angekommen — von ihm geöffnet ist? 33. Kann der Acceptant nach Absendung seines Briefes die Acceptation noch mit Erfolg widerrufen? 34. Ist der Satz richtig, daß der Vertrag, so lange er für den Acceptanten nicht bindend sei, es auch für den Offerenten nicht sein könne, oder läßt sich nicht auch ein partielles Zustandekommen des Vertrages für den einen Theil, bei der nicht er, aber der andere Theil gebunden ist, denken? Wie verhält sich unser Handelsgesetzbuch zu dieser Frage? 35. Es bestellt Jemand bei einem auswärtigen Schneider, bei dem er seine Kleider machen läßt, einen neuen Rock ganz so wie den früheren, oder bei einem Cigarrenhändler Cigarren; beide Personen antworten nicht; ist der Vertrag zu Stande gekommen, oder kann nicht der Besteller die Ausführung des Vertrages von der andern Seite damit zurückweisen, daß keine Annahme der Bestellung erfolgt sei? 36. Liegt der Fall anders, wenn Jemand einem Auswärtigen schreibt: er sei geneigt, sein Haus für 30000 Mark zu kaufen? Ist der Kaufcontract zu Stande gekommen, auch wenn der Adressat nicht antwortet?

36 a. Wie ist das Rechtsverhältniß von Postpacketen zu bestimmen, deren Absender und Adressat nicht zu ermitteln sind? Lassen sie sich nach Art des thesaurus als herrenlos betrachten? Nach postalischen Bestimmungen sollen sie nach Ablauf einer gewissen Zeit versteigert werden, und der Erlös fällt dem Armen-

fiscus der Post zu; ist es nöthig, um diese Bestimmung juristisch zu construiren, eine vorherige Herrenlosigkeit der Sachen anzunehmen?

XX. In der Fremde.

1. Ist die Abwesenheit nach römischem Recht überhaupt von Einfluß? 2. Afficirt sie den Besitz? 3. Kann der Gläubiger auf Grund der Abwesenheit des Schuldners oder seiner eigenen gegen die Klagverjährung Restitution nachsuchen? 4. Der frühere Eigenthümer aus gleichem Grunde (wegen der eigenen oder fremden Abwesenheit) gegen die Usucapion des Besitzers? 5. Bedarf der Abwesende einer Restitution gegen die aus Unkenntniß des Anfalls zwanzig Jahre hindurch unterlassene Antretung der Erbschaft? 6. Welche Anordnung hätte das Gericht treffen müssen, als der Erbschaftsanfall eintrat? 7. Darf es nach gemeinem Recht, wenn alle Nachforschungen nach seinem Aufenthalt und Leben resultatlos bleiben, ihn für todt erklären und die Erbschaft dem Nachberechtigten aushändigen? 8. Kann ein vom Abwesenden zurückgelassener procurator omnium bonorum die demselben angefallene Erbschaft antreten, oder wie kann er sonst dessen Interesse in diesem Fall wahren? 8. Kann derselbe ein dem Abwesenden hinterlassenes Legat einklagen? 10. Muß er in beiden Fällen nachweisen, daß der Abwesende zur Zeit noch lebt? 11. Wenn in Ermangelung eines solchen procurator der Erbe das Legat bei Gericht oder bei einem Bankhause deponirt hat, mit welcher Klage kann der Abwesende dasselbe einfordern?

12. Der Abwesende will in der Fremde testiren; darf er es thun nach den dortigen Gesetzen? 13. Wenn er ohne Testament dort verstirbt, nach welchen Gesetzen bestimmt sich die Intestaterbfolge? 14. Er hatte bereits die nöthigen Schritte

gethan, um sich dort naturalisiren zu lassen, allein das Naturalisationsdocument trifft erst ein, nachdem er bereits gestorben; ist dies für die vorige Frage von Einfluß? 15. Er geht in der Fremde eine Ehe mit einer Person ein, die er nach dortigen Gesetzen heirathen konnte, aber nicht nach den seinigen (z. B. ein Christ mit einer Jüdin); ist die Ehe nach seiner Zurückkunft von unsern Gerichten als gültig anzuerkennen? 16. Ist damit die Frage, ob die aus dieser Ehe stammenden Kinder als eheliche oder uneheliche anzusehen sind, schlechthin entschieden? 17. Auf seiner Rückreise mit Frau und Kindern kommt er mit letzteren bei einem Schiffbruch um; fällt sein Nachlaß ab intestato an die Frau oder an seine Verwandten? Welche Voraussetzungen sind nöthig, um diese Frage beantworten zu können? Wenn die Frau im Testament instituirt oder den Kindern substituirt war, ist die Einsetzung gültig? Ist darauf l. 2 § 3 oder l. 13 und l. 14 de his quae (34. 9) zur Anwendung zu bringen?

XXI. Allerlei.

1. Eine Salinenverwaltung läßt das zum Sieden der Soole erforderliche Brennholz in einem ihr gehörigen, im Gebirge liegenden Walde fällen und in den Fluß werfen, der es mit sich führt, bis es an einem bei der Saline errichteten Wehr aufgefangen wird. Wie ist das Besitzverhältniß am Holz während dieser Zeit?

2. Ein Holzhändler hat ein großes Quantum abgängiger Eisenbahnschwellen gekauft und sie in Stücke schneiden lassen, welche von armen Leuten für einen billigen Preis als Brennholz erstanden sind. Es zeigt sich, daß dieselben nicht brennen, da die Eisenbahnschwellen imprägnirt waren. Muß er das Holz

zurücknehmen? Er weigert sich, weil er dasselbe nicht ausdrücklich als Brennholz verkauft habe, und der niedrige Preis die Käufer darauf hätte aufmerksam machen müssen, daß es mit dem Holz eine besondere Bewandtniß habe. Eine andere Verwendung als zum Brennen war bei demselben ausgeschlossen.

3. Ein armes Bauermädchen, das prachtvolles Haar hat, bietet dasselbe einem Friseur zum Verkauf an, und beide werden handelseinig, wobei ausgemacht wird, daß das Haar noch einen Monat wachsen solle. Inzwischen verlobt sich das Mädchen, und der Bräutigam will nicht dulden, daß sie sich das Haar abschneiden lasse. Der Friseur besteht auf dem Vertrage und verlangt, daß das Mädchen verurtheilt werde, sich das Haar abschneiden zu lassen, eventuell liquidirt er den doppelten Betrag des bedungenen Preises als sein Interesse, da das Haar diesen Handelswerth habe, was als feststehend angenommen werden soll. Von der andern Seite wird eingewandt, daß Theile des menschlichen Körpers nicht Handelsobjecte seien, sie bildeten ein Stück der leiblichen Erscheinung des Menschen, sie gehörten zu den res extra commercium. Der Kläger bestreitet dies, weil Haare täglich verkauft würden, und ein Eigenthum an ihnen ebenso zweifellos sei, wie an den Skeletten und Präparaten in einer anatomischen Sammlung. Wie ist zu entscheiden?

4. In New-York kam folgender ähnliche Fall zur gerichtlichen Entscheidung. Eine Schülerin und begeisterte Verehrerin eines dortigen Phrenologen hatte ihrem Lehrer ihren Schädel vermacht zum Zweck phrenologischer Studien, die Erben weigerten sich, die Bestimmung auszuführen, der Bedachte bestand auf Realisirung derselben; wie war zu entscheiden?

5. Ein Zahnarzt hat einer verheiratheten, den höheren Ständen angehörigen Frau ein künstliches Gebiß gemacht und verlangt nach ihrem Tode Zahlung vom Mann auf Grund der

gesetzlichen Bestimmung, daß der Mann der Frau den „anständigen Unterhalt" zu gewähren verpflichtet sei. Der Mann bestreitet seine Verpflichtung, weil falsche Zähne nicht zum anständigen Unterhalt gehörten, den Arzt, der seiner Frau in einer Krankheit Hülfe leiste, sei er verpflichtet zu bezahlen, den Zahnarzt, dessen Thätigkeit in diesem Fall keine klinische, sondern eine rein kosmetische gewesen sei, nicht. Wie ist zu erkennen?

6. Der Zahnarzt zieht dem Patienten einen verkehrten Zahn aus; kann letzterer Schadloshaltung begehren (Schmerzensgelder — Einsetzen eines neuen Zahnes — Affectionsinteresse)?

7. Eine Dame im obern Stock hat einen Arzt rufen lassen, eine Dame im untern Stock fängt ihn ab und consultirt ihn. Sie weigert sich, Honorar zu zahlen, weil „sie ihn nicht habe rufen lassen, und er ihr gar keinen Besuch gemacht habe".

8. In der Eisenbahn kommt ein Patient, der in ein Bad reist, mit einem ihm unbekannten Herrn in ein Gespräch und theilt ihm seine Absicht mit. Letzterer, ein angesehener Kliniker, läßt sich sein Leiden genau angeben und gibt ihm schließlich den Rath, nicht in das gewählte Bad zu gehen, das für ihn gänzlich ungeeignet sei, sondern in ein benachbartes anderes, das er ihm namhaft macht; er befolgt diesen Rath. Ist hier eine Honorarforderung begründet?

9. Der Schwiegersohn, ein an einem andern Orte ansässiger Advokat, ertheilt seinem Schwiegervater auf seine Anfrage brieflich seinen Rath in einer Rechtsangelegenheit; würde er Honorar dafür beanspruchen können? Würde es ein Professor der Jurisprudenz, den einer seiner Zuhörer über einen ihn betreffenden Rechtsfall um Rath fragt?

10. Kommt den von Bankiers ausgegebenen, versiegelten, mit ihrem Namen und mit dem Betrag der darin enthaltenen Summe versehenen Geldrollen eine rechtliche Bedeutung zu,

b. h. kann der gegenwärtige Inhaber, in dessen Hände sie gelangt ist, wenn an der bezeichneten Summe etwas fehlt, ihn auf Grund der auf der Rolle gegebenen Zusicherung in Anspruch nehmen, oder muß jeder Empfänger derselben sich an seinen Vormann halten?

11. Wie ist der rechtliche Vorgang bei den öffentlich aufgestellten automatischen Apparaten zu bestimmen, welche gegen Einwurf eines bestimmten Geldstückes das Gewicht der auf den Tritt des Apparats steigenden Person angeben oder eine Cigarre, eine Chocoladentafel oder andere Waaren zur Verfügung stellen? Wann erwirbt der Aussteller des Apparats Besitz und Eigenthum an dem eingeworfenen Geldstück? Liegt hier Vertragsabschluß mit einem Abwesenden vor? Wenn dies zu bejahen, welcher Vertrag liegt in den angegebenen Fällen vor? Ist die Ausstellung des Apparats unter den Gesichtspunkt einer Auslobung — einer öffentlichen Aufforderung zum Contrahiren — einer Vertragsofferte zu bringen? Der Apparat fungirt nicht mehr, mit welcher Klage würde das eingeworfene Geldstück zurückgefordert werden können?

12. Erwirbt der Photograph an der ihm nicht gehörigen Platte, die er zum Photographiren verwendet, Eigenthum? Darf er die Photographie eines Kunden ohne dessen Genehmigung in seinem Schaufenster ausstellen oder verkaufen? Ein Kunde, der sich selber hat photographiren lassen, findet bei ihm Photographieen von Kindern, die ihm sehr gefallen, und er äußert, daß er nächstens auch seine eigenen Kinder bei ihm photographiren lassen werde, gibt aber später einem andern Photographen den Vorzug; durfte er es?

13. Es bestellt Jemand bei einem Maler die Anfertigung einer Copie nach einem in der dortigen Gemäldegallerie befindlichen Original. Dieselbe geht, nachdem sie nahezu fertig ge-

worden ist, bei einem in der Gallerie ausgebrochenen Brande unter. Kann der Maler für seine wochenlange Arbeit Ersatz verlangen? War es Kauf einer zukünftigen Sache oder eine locatio conductio operis? Wenn ersteres, so kann der Maler nichts verlangen, wenn letzteres, den Geldwerth seiner Arbeit. Ist der Umstand, daß er die Leinewand und die Farbe dazu gibt, entscheidend für die Annahme eines Kaufs? Wenn dies der Fall, was ist jedem Maler, der die Anfertigung einer Copie oder Jemanden zu portraitiren übernommen hat, zu rathen?

14. Unter welchen juristischen Gesichtspunkt ist das Malen zu bringen? Haben die römischen Juristen das Richtige getroffen, wenn sie darauf den Gesichtspunkt der Accession anwenden? Ist ein Gemälde bloß eine mit Farben bedeckte Leinewand, bei der das Eigenthum der Farbe dem Eigenthümer der Leinewand zufällt?

15. Ein ehemaliger Waisenknabe, der im Laufe der Zeit ein reicher Mann geworden ist, hat die Gewohnheit, an seinem Geburtstage die sämmtlichen Waisenkinder der Waisenanstalt zu sich in seine Villa einzuladen. Dort werden sie zuerst bewirthet, dann erfolgt ein Suchen nach den in seinem Park versteckten Gegenständen: hartgesottenen Eiern, Obst, Spielsachen, selbst einigen Uhren, die demjenigen zufallen, der sie findet. Wie ist der Vorgang juristisch zu bestimmen: als Auslobung, Occupation herrenloser Sachen, Tradition an eine persona incerta? Angenommen, es hätte sich unter die Waisenkinder ein nicht zu ihnen gehöriges Kind gemischt, oder es würde einer der liegen gebliebenen Gegenstände später von einem der im Park beschäftigten Arbeitsleute entdeckt, würde auch ihnen die gefundene Sache zufallen? Sollte diese Frage im Sinne der Absicht des Urhebers zu verneinen sein, was ergibt sich daraus für den juristischen Charakter des obigen Vorganges?

16. Bei Volksfesten pflegen mitunter eine Reihe mit Seife be-

strichener Kletterbäume aufgestellt zu werden, auf denen oben eine Uhr oder eine sonstige Werthsache befestigt ist, die demjenigen zufallen soll, der sie herunterholt. Paßt das Verhältniß unter irgend einen der vorhandenen Rechtsbegriffe, oder ist dafür ein neuer aufzustellen?

17. Ein Badegast in einem Seebade schießt vom Strande aus eine Möwe, welche in die See fällt und von einer Person, die mit ihrem Boote in der Nähe ist, herausgenommen wird; wem gehört sie: demjenigen, der sie geschossen hat, der aber nicht in der Lage war, sie aus den Wellen zu holen, oder demjenigen, der sie zu sich genommen hat?

18. Es ist von einem vorüberfahrenden Boote eine Sache in die Netze eines Fischers gefallen; hat letzterer dadurch Besitz erworben? An den Fischen, die in sein Netz gerathen, erwirbt er den Besitz. Wenn die Person, welche die Sache hat fallen lassen, sie selber aus dem Netz wieder herausholt, begeht sie damit eine Rechtswidrigkeit?

19. Hat das Mitglied eines Klubs, der die Rechte einer juristischen Person erlangt hat, ein Klagerecht im Fall der Vorenthaltung des Genusses der den einzelnen Mitgliedern statutenmäßig zustehenden Rechte, z. B. der Benutzung des Lokals, der Bibliothek, des Billards? Der Klubdiener, der lange diesen Posten bekleidet hat und durch Nachsicht des Vorstandes verwöhnt ist, pflegt vor einer gewissen Stunde des Morgens und nach einer gewissen Stunde des Abends den einzelnen Mitgliedern, die dann kommen, die ihm obliegenden Dienste zu versagen, und der Vorstand, dessen wiederholte Vorstellungen erfolglos geblieben sind, scheut sich ernstlich gegen ihn vorzugehen. Würde einer Klage jener Mitglieder gegen ihn nicht der Umstand entgegenstehen, daß Rechte der einzelnen Mitglieder innerhalb der juristischen

Person unmöglich sind, da alle Rechte der juristischen Person selber zustehen?

20. Dem Wirth im Klub ist in dem Contract zugestanden, daß er den Klubsaal nebst anstoßenden Räumen auch zu Festlichkeiten, z. B. Hochzeiten, Bällen und zu Concerten, öffentlichen Vorträgen in einer der Bestimmung des Lokals nicht widersprechenden Weise vermiethen dürfe. Er hat dort Handwerkerbälle veranstaltet, die bis dahin nur in Wirthschaften geringen Ansehens abgehalten wurden, und darauf hin wird vom Vorstande die Lösung des Contrakts vor Ablauf der contractlichen Frist beansprucht. Ist derselbe in seinem Recht? Der Klub bildet den Vereinigungspunkt der s. g. Honoratioren, die social von den Handwerkerkreisen sich streng abscheiden.

21. Dem Wirth wird der Wein vom Vorstande geliefert, und er hat ihn den Mitgliedern gegen einen bestimmten Preis zu verabfolgen, von dem er eine bestimmte Quote erhält. Wie ist das Verhältniß zu bestimmen? Kauft der Wirth den Wein vom Vorstande, und kaufen die Mitglieder ihn wieder von ihm, oder vermittelt er bloß gegen bestimmte Provision den Verkauf von Seiten des Vorstandes an letztere? Angenommen, der Wein ginge im Keller durch casus, z. B. Eindringen des Wassers bei einer Ueberschwemmung zu Grunde, wen träfe der Schaden? Der Vertrag gibt keinen Anhaltspunkt zur Beantwortung der Frage, es heißt darin bloß: der Wein würde dem Wirth vom Vorstande geliefert, und er habe die dafür angesetzten Preise inne zu halten.

22. Der Miether will nach Beendigung der Miethszeit die Wohnung nicht verlassen, der Vermiether hebt, um ihn dazu zu nöthigen, die Thüren und Fenster aus; ist er dazu befugt? Es wird ihm dies bestritten mit Hinweis auf St.G.B. § 240: „wer einen Anderen widerrechtlich durch Gewalt ... zu einer

Handlung nöthigt". Handelte der Vermiether in diesem Fall nach römischem Recht widerrechtlich? Würde nicht umgekehrt der Widerstand des Miethers hier unter den § 123 fallen: „... wer, wenn er ohne Befugniß darin (in der Wohnung) verweilt, auf die Aufforderung des Berechtigten sich nicht entfernt, wird wegen Hausfriedensbruches ... bestraft"?

23. Kann die Herrschaft dem Dienstmädchen eine Sache, welche dasselbe für sie in Empfang genommen hat, und deren Herausgabe sie verweigert, mit Gewalt entziehen? Liegt darin eine unerlaubte Selbsthülfe?

24. Es miethet Jemand durch die Verdingfrau ein Dienstmädchen von außerhalb, kann dasselbe die Reisekosten verlangen? Wenn Jemand von außerhalb Sachen bezieht, muß er zweifellos die Transportkosten bezahlen; trifft dies nicht auch für die Reisekosten des Dienstmädchens zu, oder wenn nicht, worin liegt der Unterschied? Dem Dienstmädchen ist contractlich freie Rückreise in die Heimath zugesichert: sie nimmt aber später am Ort einen andern Dienst, kann sie die Reisekosten verlangen? Kann sie es dann, wenn sie erst später in ihre Heimath zurückkehrt?

25. In einem Lande, wo die Kündigung des Miethsverhältnisses gerichtlich zu geschehen pflegt, hat der Miether bei der Kündigung ein Versehen in der Bezeichnung des Vornamens des Vermiethers begangen, die gerichtliche Kündigung ist aber letzterem richtig zugestellt worden. Derselbe bestreitet später deren rechtsverbindliche Kraft, weil die Kündigung auf eine andere Person als auf ihn gelautet habe.

26. Es verkauft Jemand einen Haufen beschriebenes Papier an einen Krämer, der es zum Einwickeln benutzt. Darunter befinden sich auch Briefe verschiedener Personen an seinen Erblasser diskreten Inhalts. Können die Briefsteller oder deren Erben Klage gegen ihn erheben? Er stützt sich darauf, daß sein Erb=

XXI. Allerlei.

lasser und durch ihn er selber Eigenthümer der Briefe geworden sei, er sie folglich auch verkaufen könne.

27. Ein Auswärtiger, der in der Leipziger Lotterie spielt, stellt sich bei seinem Aufenthalt in Leipzig bei der Ziehung ein und hört hier eine Nummer ausrufen, die auf die seinige folgt. Er reist sofort ab und erkundigt sich bei dem Lotteriecollecteur, von dem er sein Loos bezogen hat, ob die folgende Nummer noch zu haben sei, und da dies der Fall, ersteht er sie. Kann der Collecteur den Verkauf anfechten? An welche Gründe kann man denken?

28. Ein Kaufmann, der mit einem großen Aussteuergeschäft in Verbindung steht, das augenblicklich die Aussteuer für eine fürstliche Person zu besorgen hat, gibt einem Bekannten, der sich dieselbe anzusehen wünscht, seine Visitenkarte mit, die er in folgender Weise beschreibt: „Herren X. et Co. Ich ersuche Sie, den Wunsch des Ueberbringers dieses, Herrn Z., zu erfüllen." Mit der Brieftasche, in der sie sich befand, wird diese Karte gestohlen und von einem Gauner dem Adressaten präsentirt mit dem Ersuchen um eine beträchtliche Leinewandlieferung, die demselben auch verabfolgt wird. Hat der Aussteller der Karte den Betrag zu entrichten? Eines ähnlichen Falles erinnert sich der Verfasser aus seiner eigenen Erfahrung. Zu einem seiner Bekannten kommt ein Kellner, der ihn lange bei Tisch bedient hat, aber plötzlich entlassen worden ist, und bittet um Reisegeld. Da der Angesprochene kein kleines Geld hat, und von dem Kellner hört, daß derselbe sich auch an einen seiner Bekannten mit derselben Bitte wenden will, so setzt er einen offenen Brief auf, dem er aber die Adresse nicht hinzufügt, folgenden Inhalts: „Lieber Freund! Gib für mich dem Kellner Louis, der plötzlich entlassen ist, und dem auch Du ja wohl einen Zuschuß zu seinen Reisekosten geben wirst, fünf Mark,

ich habe augenblicklich kein kleines Geld. Dein X." Der Kellner geht damit zu sämmtlichen Bekannten des Ausstellers hin, von denen ihm jeder neben seiner Gabe noch fünf Mark für X gibt; muß X sie ersetzen?

29. Aehnliche Betrugsfälle kommen auch bei Privattelephonen vor, indem sich in Abwesenheit des Herrn ein Anderer ihrer bedient; hat der Herr für den Schaden, z. B. eine Bestellung beim Kaufmann, Zahlungsauftrag an den Bankier einzustehen?

30. Einer Zeitung entnehme ich folgenden Fall, der an den Ring des Polykrates erinnert. In dem Magen einer von einer Händlerin gekauften Gans war neulich beim Schlachten ein Zwanzigmarkstück gefunden worden. Die Verkäuferin, welche durch Zufall Kenntniß davon erhalten hatte, kam alsbald zu dem Käufer und verlangte die Herausgabe des Goldstückes, das von der Gans verschluckt worden sei, so lange dieselbe noch in ihrem, der Händlerin, Besitz gewesen. Gleichzeitig erhob aber auch der Bauersmann, bei dem die unvermögende Händlerin zur Miethe wohnt, Einspruch gegen die Aushändigung des Fundstückes, weil er das Geldstück auf seinem Hofe verloren habe, während er seiner Mietherin gar nicht zutraute, überhaupt ein Zwanzigmarkstück besessen zu haben. Indeß auch der Käufer behauptet, Anspruch auf seinen Fund zu haben, da er mit der Gans Alles, was sie in sich getragen, erworben habe.